我们从哪里来？我们走向何方？中国到了今天，我无时无刻不提醒自己，要有这样一种历史感。

——习近平

摘自习近平总书记在北京会见第二届"读懂中国"国际会议外方代表时的谈话（《人民日报》2016年1月5日）

读懂中国

读懂中国丛书

编委会：
　主　　任：郑必坚
　副 主 任：杜占元　李君如　徐伟新　陆彩荣
　委　　员：（按姓氏笔画排序）
　　　　　　王博永　冯　炜　吕本富　朱　民
　　　　　　邬书林　牟卫民　杜占元　李君如
　　　　　　陆彩荣　陈　晋　周明伟　胡开敏
　　　　　　徐伟新

编辑部：
　主　　任：王博永
　副 主 任：冯　炜　胡开敏
　成　　员：史小今　谢茂松　宋雨微　于　瑛
　　　　　　曾惠杰

读懂中国丛书

人间正道
构建人类命运共同体

李君如 罗建波 等 著

总　序

郑必坚

读者面前的这套丛书，有一个总题目，叫作：读懂中国。

为什么要提出"读懂中国"的问题呢？

你看，当今世界发生的变化，可谓天翻地覆，令人目不暇接。最大的变化，莫过于中国。

从20世纪中叶新中国成立以来，特别是最近这40年时间，就使一个多达十三亿多人口的贫穷落后的东方大国，实现了跨越式大发展，迅速成为世界第二大经济体。

人们自然会问：在中国，究竟发生了什么事情？中国快速发展的奥秘究竟是什么？

人们自然也会问：一个正在强起来的中国，和世界怎么相处？

于是乎，问题套问题，疑虑叠疑虑，"中国威胁论""中国崩溃论"，"修昔底德陷阱""中等收入陷阱"，这"论"那"论"，这"陷阱"那"陷阱"，纷纷指向中国。

毫无疑问，中国人应当坚定不移地走自己的路，把自己的事情办好。而这本身就包含着，为了回答人们的关切、问题和疑虑，必须做好一件事："读懂中国"。

为此，由我主持的国家创新与发展战略研究会发起，联合中国人民外交学会，和国际知名智库21世纪理事会合作，在2013年11月和2015年11月先后举办了两届"读懂中国"国际会议。

这两次重要的国际会议，得到了中共中央总书记、国家主席习近平的重视和支持，亲自到会同与会外国嘉宾座谈。国务院总理李克强和副总理张高丽分别出席了第一届和第二届会议，并在会上作了开幕演讲。中共中央和国务院许多部门的领导同志，也到会同来自世界各国的政要和专家学者进行面对面的交流，回答大家提出的问题。

会议取得的成功，给我们的最大启示是：只要直面问题，只要心诚意真，只要实事求是且生动具体地讲好中国故事，讲好中国共产党的故事，讲好中国和世界相处的故事，将大有利于关心中国的人获得新知，怀疑中国的人逐步释惑。

为此，我们设想，把"读懂中国"的国际会议搬到书本上，搬到视频上，搬到网络上，在更大的场合，用更加生动的形式，回答人们的关切、问题和疑虑。

这一设想，不仅得到了有关部门的大力支持，不仅得到了中国外文局和外文出版社的大力支持，而且得到了一批对这些问题有亲身实践经验和较深研究的专家学者和领导同志的大力支持，为丛书撰稿。

这就是读者面前这套丛书的由来。现在编辑出版的还只是这套丛书的第一辑，以后还会有第二辑、第三辑以至更多的好书问世；现在这一辑主要是中国作者的作品，以后还会有其他国家作者的作品。

不仅是丛书，以后还会有配套的电视专题片和网络视频，陆陆续续奉献给大家。

在我们看来，"读懂中国"，包括"读懂中国共产党""读懂中国和世界的关系"，是一个宏大的事业。

让我们共同以极大的热情，来关注这一事业、参与这一事业！

二〇一八年三月

总 序 二

郑必坚

在全国人民共同庆祝中国共产党成立100周年之际，我们的"读懂中国"丛书第二辑又摆在了读者的面前，外文版也将在近期面世。

2018年，"读懂中国"丛书第一辑（中英文版）在第三届"读懂中国"国际会议上举行首发式，几年来，我们陆陆续续收到读者的反馈，无论是有关部门的领导，还是专家、学者、媒体人士，以至我们的海外读者们，都对我们的丛书给予了高度评价。在此，向你们表示衷心的感谢！正是你们的关心和关注，才使得我们的丛书更有分量、更显智慧、更具价值。

为什么要组织编写"读懂中国"丛书呢？对于这个问题，我在丛书"总序"中已经给读者作了解答。在这里我想强调的是，在2015年由国家创新与发展战略研究会、中国人民外交学会和21世纪理事会共同举办的第二届"读懂中国"国际会议上，习近平总书记在同外方政要和专家学者座谈时讲到"读懂中国"是向世界介绍中国的一个很好的平台，他还说："我们从哪里来，我们走向何方？中国到了今天，我无时无刻不提醒自己要有这样一种历史感。"事实上，中国从哪里来、中国走向何方，也是人们长久以来对中国这个世界第二大经济体所提出的问题和疑虑。于是，我萌生了组织各方面专家学者编写"读懂中国"丛书的想法。

"读懂中国"丛书都讲了些什么？在中国特色社会主义已经进入新时代的今天，要"读懂中国"最重要的自然就是要读懂新时代的中国，而要读懂新时代的中国，最重要的自然就是要读懂习近平新时代中国特色社会主义思想。因此，国家创新与发展战略研究会在中央领导的肯定和有关部门的指导下，在中国外文局和外文出版社的大力支持下，邀请了一批有丰富实践经验、并对中国问题有着深刻观察和研究的专家学者，就习近平新时代中国特色社会主义思想和改革开放四十多年所走过的道路，特别是中共十八大以来以习近平同志为核心的党中央治党治国治军的重要决策、重大进展及面临的新形势新挑战等海内外关注的焦点问题作出专门论述。

"读懂中国"丛书有什么值得推荐的吗？我以为，需要特别指出的至少有这么两点：一是内容上的实事求是，二是风格上的生动具体。"实事求是"是指我们的作者努力向大家展示一个真实、立体、全面的中国；"生动具体"是指纳入丛书的这些论著，不仅凝结着作者多年一贯的学术思考，而且展现了一个又一个有画面感的故事，毫不晦涩、毫不做作。

"讲好中国故事，讲好中国共产党的故事，讲好中国和世界相处的故事"，是帮助"关心中国的人获得新知，怀疑中国的人逐步释惑"的最好方式。我们是这么想的，也是这么做的。

"读懂中国"丛书第一辑获得广泛关注，让我们感到，这件事我们是做对了，我们抓"读懂中国"这个主题抓对了。特别是站在"两个百年"历史交汇点的今天，面临大变局、大考验，中国更要推动"读懂中国"这个宏大事业，包括"读懂中国共产党""读懂中国和世界的关系"，从而逐步实现"大合作"。

  这个事业不容易，但值得干。希望越来越多的朋友加入我们的事业，且给我们以指教。让我们一起努力！

二〇二一年六月

目 录

前 言

第一章 世界怎么了，我们怎么办？ / 1

以正确历史观大局观角色观把握世界大变局 / 4

全球抗疫背景下构建人类命运共同体的必要性紧迫性 / 8

世界发展大趋势彰显人类命运共同体的必然性规律性 / 19

第二章 人类命运共同体的基本内涵与世界意义 / 31

人类命运共同体的核心要义 / 34

人类命运共同体与未来社会的共同体 / 39

中国主张与人类命运共同体理念的现实化 / 49

人类命运共同体的世界历史意义 / 54

第三章 如何推动构建人类命运共同体？ / 65

推动构建人类命运共同体的基本路径 / 68

推动构建人类命运共同体的主要步骤 / 78

第四章 推动构建人类命运共同体的中国方略 / 93

最重要的是做好自己的事情，加快形成新发展格局 / 96

将周边作为构建人类命运共同体的首要之地 / 104
客观界定国际身份，回应发达国家合理关切 / 111
积极参与全球治理 / 119

附录

附录一　中美关系依然是当今世界最重要的双边关系 / 129
附录二　疫情后应该重启中美文化交流和对话 / 139
附录三 "青山遮不住，毕竟东流去" / 145

后记和结论 / 153

前　言

世界正处于百年未有之大变局，人类社会正在经历新一轮的大发展、大变革、大调整。在国际秩序加速演变的转型过渡期，各种不确定性不稳定性因素显著增多，特别是突如其来的新冠疫情显著加剧了全球发展和治理难题，世界和平赤字、发展赤字、治理赤字、信任赤字进一步显现。世界怎么了，我们怎么办？答案只有一个：推动构建人类命运共同体是人间正道。

为什么这是"人间正道"？推动构建人类命运共同体，是中国为完善全球治理体系而给出的中国方案，也是基于人类的历史教训、现实状况和发展趋势为人类描绘的"世界蓝图"，是 21 世纪筹划人类命运的唯一选择。历史昭示我们，对于世界上各种复杂的国际关系及其带来的矛盾和冲突，战争只会造成人类的灾难而解决不了问题，争霸只会引起国家和人民之间的对立而解决不了问题，一霸独大也只会产生更广更大范围的抵制和对抗而解决不了任何问题，只有靠政治对话、互信合作、共同发展、和平共处，才能给人类带来福祉、给各国带来发展、给世界带来安宁。现实也昭示我们，世界多极化、经济全球化、文明多样化、社会信息化深入发展的总体趋向，谁也逆转不了；人类共同面临的诸多治理难题，唯有世界各国携手合作，才能找到解决问题的出路；人类自近代以来创造的现代文明来之不易，更要大家共同珍惜和呵护。纵览天下大势，只有在各个国家和地区之间寻找更多更广的共同利益，构建相互尊重、休戚与共的人类命运共同体，才能解决人类面临的各种困难、应对人类遭遇的各种灾难、创造人类美好的今天和明天。

什么是人间正道？人类命运共同体之所以是人间正道，"正"就正在这一方案不谋一国之利，而为人类着想；不图一时之利，而为子孙后代着想。回眸历史，放眼现实，战争、争霸、称霸消耗了多少宝贵的资源，牺牲了多少宝贵的生命尤其是年轻人的生命，带来了多少人类的苦难。我们倡导的人类命运共同体，是包含地位观、安全观、发展观、文明观、生态观、生命观这"六观"核心要义的国际关系理念和国际秩序构想。这是促进世界共同发展的正义主张，优化全球治理的正义主张，增进全球信任的正义主张，维护世界和平的正义主张，重构世界文明格局的正义主张，探索更好社会制度的正义主张，为解决人类共同难题提供了价值引领，为建设美好世界作出了中国贡献。与此同时，构建人类命运共同体，也创新了全球治理的思维方式，开辟了世界秩序的宏大愿景，标识了中国外交的未来方向，开启了人类文明的崭新形态。

我们不能把人类命运共同体简单等同于未来社会的共同体（即自由人联合体）。人类命运共同体主要指称一种社会状态，未来社会的共同体主要指称未来理想的社会形态；人类命运共同体的本质特征是和而不同，未来社会的共同体的首要特征是天下大同；人类命运共同体彰显了世界主义立场，未来社会的共同体则体现了国际主义立场；人类命运共同体直接解决的是国家命运问题，旨在实现不同国家和平发展、合作共赢，未来社会的共同体旨在实现每个人自由全面发展；构建人类命运共同体是世界历史进程中的阶段性目标，是全人类的最低纲领，未来社会的共同体是世界历史进程中的最终目标，是全人类的终极纲领。

人类命运共同体的构建是一项宏大的系统性的世纪工程，非一朝一夕之功，不可能一蹴而就。关键的问题是，如何把人类命运共同体的理念一步一步转化为世界现实，这就需要找到推动构建人类命运共同体的基本路径。从全球纬度看，以国际组织为牵引，以国家间合作为主线，以政党国际交流为助力，以社会组织跨国合作为基础，是推动构建人类命运共同体的四条基本路径。从建设人类卫生健康共同体到构建人与自然共同体、从双边区域共同体到全人类的命运共同体、从国家治理走向全球治理、从物质世界的命运共同体扩展到数字世界的命运共同体，是中国推动构建人类命运共同体的主要阶段和步骤。

中国是人类命运共同体思想的倡议者，也是推动构建人类命运共同体的践行者。中国的建设性作用主要体现在两个方面：一是"表率"，二是"实践"。首先，最重要的是做好自己的事情，只有把自己的事情做好了，在综合国力提升的同时，人民群众的幸福感、获得感、参与感、价值感和自豪感提高了，源于中国的倡议在国际社会才能具有道义的感召力和实践中操作的可行性。在此基础上，为世界供给发展机遇和反映社会发展规律的人类共同价值这两类优质公共产品。其次，在实践层面，全面推进中国特色大国外交，积极发展全球伙伴关系，在全球治理上发挥负责任大国作用。

大国崛起首先崛起于所在的地区，因此要将周边地区作为推动构建人类命运共同体的首要之地，要以换位思考更好地理解周边国家的合理诉求，有效回应周边国家对安全议题的关切，以"一带一路"不断扩大与周边国家的共同利益，以多边主义支持地区合作中的东盟地位，从而更好地争取周边国家的认可和支持。鉴于发达国家并非铁板一块，因此在有效应对和化解中美战略竞争不断升级的同时，也要区分美欧日对华关切的不同，采取差异化的政策，以更大程度争取和团结可能的合作伙伴。中国参与全球治理的原则有二：一是不当头，量力而行，不能承担超过当前国力的责任；二是以塑造中国发展所需外部环境和推动建设更加美好世界为归宿，有选择地积极参与全球发展和治理进程。针对众多全球性问题，中国在参与全球治理过程中，要着眼引领塑造全球治理的共识、规则和议程，同时注重量力而行、权责平衡和效益最大化。

第一章

世界怎么了,我们怎么办?
——世界大变局呼唤人类命运共同体

世界正处于百年未有之大变局，人类社会正在经历新一轮的大发展、大变革、大调整。在国际秩序加速演变的转型过渡期，各种不确定性不稳定性因素显著增多，特别是突如其来的新冠疫情显著加剧了全球发展和治理难题，世界和平赤字、发展赤字、治理赤字、信任赤字进一步显现。世界怎么了，我们怎么办？我们要看到人类共同面临的诸多治理难题，看到各国命运紧密相连、休戚与共的现实，深刻认识到推动构建人类命运共同体的紧迫性和必要性。同时，要着眼世界发展大势，看到世界多极化、经济全球化、文明多样化、信息社会化深入发展的总体趋向，深刻认识到在世界百年未有之大变局下推动构建人类命运共同体的必然性规律性。世界将走向各方？答案只有一个：推动构建人类命运共同体是人间正道。

习近平外交思想具有重要的方法论意义。它为我们正确认识世界变局、正确把脉人类发展大势提供了重要的方法指引和智慧启迪。我们需要秉持正确的历史观、大局观和角色观，既要看到国际秩序加速演变带来的各种不确定性不稳定性因素，深刻认识到推动构建人类命运共同体的必要性和紧迫性。同时，也要着眼世界发展大势，看到世界多极化、经济全球化、文明多样化、信息社会化深入发展的总体趋向，深刻认识到在世界百年大变局下推动构建人类命运共同体的必然性和规律性。推动构建人类命运共同体是人间正道。

以正确历史观大局观角色观把握世界大变局

谋大事者必先观大势。在当前国际形势风云变幻、世界不确定性显著增多的背景下，要清醒把脉人类历史发展方向和世界发展大势，更需要有大视野、大格局和大胸怀。习近平总书记明确强调，把握国际形势要树立正确的历史观、大局观、角色观。[1]只有如此，才能正确把握人

---

[1]《坚持以新时代中国特色社会主义外交思想为指导　努力开创中国特色大国外交新局面》，《人民日报》，2018年6月24日。

类发展大潮流、世界变化大格局、中国发展新方位，从而在错综复杂的形势下保持战略定力，在瞬息万变的世界中赢得战略主动。世界百年大变局宏大战略判断的提出，以及推动构建人类命运共同体世界愿景的呈现，正是习近平总书记在充分认识世界发展大势、主动顺应世界发展潮流基础上做出的。

以正确的历史观把脉时代潮流

所谓正确的历史观，就是不仅要看现在国际形势什么样，而且要端起历史望远镜回顾过去、总结历史规律，展望未来、把握历史前进大势。习近平总书记指出，"历史是最好的教科书，也是最好的清醒剂"[①]。正所谓以史为鉴，可以知兴替。我们要坚持辩证唯物主义和历史唯物主义，秉持历史思维和历史眼光，从纷繁复杂的表象乱象中看到历史发展规律，从国际政治风云变幻中认准时代发展潮流，从地缘政治的复杂斗争中把握人类社会的共同诉求。如此，才能不被乱花迷眼，也不被浮云遮眼，才能认清时代潮流，理解和平、发展、合作、共赢是人类社会的共同追求，才能看透长远趋势，理解国际秩序更加公正合理的

---

① 习近平：《在纪念全民族抗战爆发七十七周年仪式上的讲话》，《人民日报》，2014年7月8日。

发展是国际秩序演变的基本方向。

以正确的大局观认清世界大势

所谓正确的大局观，就是不仅要看到现象和细节怎么样，而且要把握本质和全局，抓住主要矛盾和矛盾的主要方面，避免在林林总总、纷纭多变的国际乱象中迷失方向、舍本逐末。善于观大势、谋大事，方能做到成竹在胸，游刃有余。我们要深入分析世界转型过渡期国际形势的演变规律，既要把握世界多极化加速推进的大势，又要重视大国关系深入调整的态势；既要把握经济全球化持续发展的大势，又要重视世界经济格局深刻演变的动向；既要把握国际环境总体稳定的大势，又要重视国际安全挑战错综复杂的局面；既要把握各种文明交流互鉴的大势，又要重视不同思想文化相互激荡的现实。

以正确的角色观研判中国与世界关系

所谓正确角色观，就是不仅要冷静分析各种国际现象，而且要把自己摆进去，在我国同世界的关系中看问题，弄清楚在世界格局演变中我国的地位和作用，科学制定我国对外方针政策。习近平总书记指出，中国与世界的关系在发生深刻变化，我国同国际社会的互联互动也已变得空前紧密,我国对世界的依靠、对国际事务的参与在不断加深,世界对我国的依靠、对我国的影响也在不断加深。①我们要看到,世界多极化、经济全球化、社会信息化、文化多样化为中华民族实现伟大复兴提供了重要的历史契机,同时,国际秩序加速演变与大国关系加快重组也带了许多新的动荡与纷争,经济全球化进程遭遇严重挑战,给中国外部环境带来了许多新的风险和挑战。我们更要看到,中国自身发展本身就是推动国际秩序积极变化的最重要因素之一,也是从根本上决定中国发展环境的最重要的因素。经过长时期的革命、建设和改革尤其是党的十八大以来的稳步发展,中国的总体国力显著增长,国际地位和影响力大幅提升,对世界和平与发展的贡献不断提高,中国已经站在新的历史方位上,中华民族正以崭新的姿态屹立于世界的东方。可以讲,中国发展仍然处于可以大有作为的重要战略机遇期,我们最大的机遇就是自身不断发展壮大。

  正确的历史观、大局观、角色观,体现了习近平外交思想具有的重要方法论意义。习近平总书记坚持历史唯物主义和辩证唯物主义,科学运用马克思主义的立场观点方

---

① 《中央外事工作会议在京举行》,《人民日报》,2014年11月30日。

法，注意理论与实践相结合、认识论和方法论相统一，着眼世界百年大变局和中华民族伟大复兴的战略全局，全面审视中国与外部世界关系，深刻回答了"中国向何处去""世界向何处去"的重大问题。正确的历史观、大局观、角色观，为我们正确把脉国际形势和世界大势，以及正确认识中国与外部世界关系提供了思想和方法上的根本遵循。

全球抗疫背景下构建人类命运共同体的必要性紧迫性

历史经验表明，国际秩序的演进从来都不是一帆风顺的。任何事物的大变化都会带来不确定性，世界百年大变局在本质上是人类社会的大发展、大变革、大调整，其核心议题是国际秩序的深度演变与调整，因此必然涉及复杂的国际政治矛盾和斗争，伴随许多困难和挫折，也自然会给国际社会带来许多新的风险和挑战。当今世界，和平与发展是时代主题，和平、发展、合作、共赢是时代潮流，但保护主义、单边主义、霸权主义旧思维挥之不去，赢者通吃、唯我独尊、号令天下的老做法依然存在。特别是，在全球疫情肆虐背景下，世界经济受到巨大冲击，逆全球化思潮不断抬头，全球治理因为部分西方大国全球投入下降而显著式微，大国竞争因为美国挑衅而不断升级，国际社会的不确定性不稳定性因素显著增多。世界变局究竟如何变？国际社会又应当如何应对？这是我们需要思考和回答的首要问题。

世界经济持续低迷，全球化进程遭遇严重挑战

世界经济在 2008 年金融危机后长期处于低迷态势，在新冠肺炎疫情暴发后更是受到严重冲击，国际社会面临疫情叠加经济、民生问题的三重困境。国际货币基金组织（IMF）在 2020 年 6 月做出预测，2020 年全球经济增长率将为 –4.9%，其中发达经济体为 –8.0%，新兴市场和发展中经济体为 –3.0%。其中，发展中经济体所受冲击分化严重，亚洲新兴经济体为 –0.8%，而中东欧地区为 –5.8%，拉美地区为 –9.4%。观察全球疫情对世界经济的影响，还需注意全球疫情呈现波次向前推进的态势，在中国疫情得到有效控制、欧洲疫情逐步稳定的同时，美国、印度、非洲、拉美的疫情仍在不断发展。特别是非洲和拉美由于经济发展程度不高、公共卫生水平落后，经济、民生和民众生命健康都遭受严重冲击，甚至可能导致 21 世纪以来发展中国家复兴进程受到极大影响甚至可能出现暂时中断，长期以来发展中国家总体实力日益接近发达国家的态势可能因此受到影响甚至出现某种程度的逆转。如果说 2008 年金融危机冲击的主要是发达国家经济体，而此次疫情则可能在给发达经济体带来更多"内伤"的同时，给发展中国家特别是最不发达国家带来更为严重的冲击和"外伤"。

更具全球影响的是，经济全球化进程遭遇严重挑战。其原因，除了世界经济增长放缓之外，还有三个因素不容忽视：一是全球抗疫背景下跨国交通受阻、人员交流不畅、物资供应链断裂，导致国际社会呈现暂时的物理"隔离"状态；二是发达国家借疫情之机，加大产业链供应链重塑，逐步把事关国家安全和重大民生的战略性、基础性产业部分搬回国内，必然会对全球产业链、供应链、价值链产生影响，也给发展中国家的工业化产业化进程带来不同程度的干扰；三是个别西方国家民粹主义、保护主义思潮抬头，以及一些西方政党政客借机采取逆全球化操作，甚至刻意挑起和加剧贸易摩擦，给全球经济合作带来严重阻力，经济全球化由此显著放缓甚至呈现一定程度的退潮之势。

民粹主义继续走强，世界思潮右倾化色彩不断强化

当前世界思潮的一个突出特点是重回保守。由于西方国家内部根深蒂固存在的资本与劳动、富裕群体与贫困群体的矛盾加剧，自由主义核心理念在西方内外均遭到不同程度的质疑。近年来，由于受到恐怖主义、移民涌入以及贫富分化加剧的冲击，以反建制、反精英、反全球化为特点的民粹主义快速膨胀。英国公投脱欧、特朗普胜选，以及多个欧洲国家右翼民族主义政党的相继做大甚至上台执政，体现出近年来民粹主义在西方世界正在获得更大的政治能量和民众支持。民粹主义表达的是那些被政治精英和传统政党忽视的弱势群体的利益，其诉求既有合理性又有非理性，且其反移民、反全球化和保护本国利益的呼声又迎合和激发了民族主义情绪的发展，二者的合流更是强化了民粹主义的非理性和感召力。一些西方政党和政客为了选举政治而刻意迎合或满足带有民粹主义色彩的民众呼声和需要，个别靠民粹主义上台的政党及领导人更是在经济发展、对外经贸、移民政策、安全政策等领域大幅调整内外政策，由此深刻影响到其国内政治发展方向并对国际政治产生明显的"溢出效应"。

以此次重大疫情为节点，美、欧、俄、印各大国的

社会思潮右倾色彩继续强化，民粹主义、国家主义、保护主义继续走强。在社会层面，排外主义和保护主义情绪滋长，针对特定种族、国家和人群的疫情歧视论不断涌现。虽然种族主义论调尚未成为社会主流，但如果疫情无法在较短时期内得到控制，这种思想潜流可能还会继续膨胀。在国家层面，它们对内强化国家权威，着力提升战略能力与战略韧性，对外奉行现实主义和实力政治，着眼抢占大国战略竞争制高点，直接推升了大国竞争的广度和烈度，给国际合作带来了明显的负面影响。

全球性问题增多，全球治理显著式微

在一个全球化的世界里，国内国际因素相互渗透，传统安全和非传统安全问题复杂交织，深海、极地、太空、网络、生物等"新边疆""高边疆"问题不断涌现，人类社会面临的风险和挑战不是更少而是更多。突如其来的新冠疫情是近百年来人类遭遇的影响范围最广的全球性大流行病，是一次严重的全球治理危机。病毒的传播无须护照，也无须跨越主权国家的地缘政治边界。随着人流和物流变得十分迅捷，一种流行性疾病传遍全球可能就是一个航班的时间。一些重大传染性疾病愈益超越时空界限，突破国家疆域，在短时间内迅速扩散至其他国家，直接威胁世界人民的生命和健康，直接影响人类当下的发展与繁荣。面对重大全球性公共卫生危机，没有哪个国家能够独自应对，也没有哪个国家能够退回到自我封闭的孤岛。各国应该秉持命运共同体意识，弘扬互谅、互信、互爱的精神，超越国别界限和政治分歧，携手打造"人类卫生健康共同体"，携手推进全球公共卫生治理进程。

在全球治理亟须加强之时，美欧提供国际公共产品的意愿和能力却在继续显著下降，导致全球治理失去了最强有力的领导者和推动者，全球治理由此进入了问题"多发期"、领导者"缺位期"和全球共识"低迷期"。特别是，美国处处以"美国第一"为算计，奉行带有明显利己主义和保护主义色彩的对外政策，不断"退群""毁约""降费""减援"，为全球治理树立了负面先例，显著恶化了国际合作的政治生态，降低了其他国家履行国际责任的意愿。美国一些政客刻意把疫情政治化和意识形态化，特别是把病毒与特定地区、国家或种族联系起来的做法，削弱了国际社会抗击疫情的共识，阻碍了国际社会抗击疫情的共同行动，理应受到世界人民的共同反对。当今人类社会面临的主要问题之一，是全球性问题不断增多与全球治理能力亟待提升的矛盾，而美欧全球责任意识和能力的显著降低则是矛盾的主要方面。不无夸张地讲，美欧全球治理意愿和能力的显著降低，是导致当今世界呈现不确定性的最大因素。可以预期，在西方依然推卸全球治理责任，新兴发展中国家尚无能力全面取代发达国家所应承担的国际责任之前，全球治理将难以避免地处于一个相对低迷和困难的时期。

大国竞争趋于严峻，大国关系进入"震荡期"和"重塑期"

此次疫情未能开启大国合作的新时代，相反，大国互信显著降低，大国战略竞争全面升级。特别是，大国围绕核心产业竞争和意识形态较量呈显著加剧态势，成为大国战略竞争的新焦点。欧美各国必将显著加强在涉及国家安全领域的产业回流，加快布局5G、大数据、物联网、人工智能、生物技术、太空技术等前沿科技和产业。此次疫情也是对各国政治制度和治理能力的一次全面检验，美欧抗疫的不力与中国的成功形成了鲜明对比，打击了美欧对自身文化和制度的信心，新自由主义在西方内外均受到不同程度的质疑。美欧为了转移国内民众对政府抗疫不力的愤怒以及重新凝聚社会共识，开始极力贬低中国的抗疫成就，抹黑中国的政治制度和治理模式，显著激化了中西方的意识形态分歧和对抗。核心产业竞争加剧、意识形态较量升级，叠加传统地缘政治裂痕，恐将推升大国博弈的长期化、复杂化和尖锐化。

其中最突出的方面是，崛起国与守成国的战略博弈继续呈现升级之势。2015年以来特别是特朗普执政以来，美国对华认知和定位发生了显著变化。美国相继出台《国家安全战略报告》（2017年12月）、《美国国防战略报告》（2018年1月）、《核态势评估报告》（2018年2月）、《印太战略报告》（2019年6月），刻意给中国贴上"战略竞争者"和"修正主义国家"的政治标签，以此离间中国与西方国家乃至与世界的关系。当前，美国借疫反华，对中国发起新一轮意识形态攻势和舆论抹黑，企图制造关于中国的新热点，达到丑化中国国家形象的目的。在苏东剧变30年之后，中西方围绕政治制度和意识形态的较量再次显著强化，成为双方竞争博弈的新战场。

与此同时，西方集团内部也加大了分化裂痕。自欧洲一体化以来，特别是由于欧盟的建立和欧元的出现，大西洋两岸长期形成的"盟友"关系已经出现了裂痕。伴随西方国家内部民粹主义和民族主义合流、单边主义和保护主义结合，重回保守的右倾思潮像一把"双刃剑"，其剑锋不仅会指向中国等新兴国家，也不可避免会指向有利益冲突的"盟友"。无论是美欧之间，还是英欧之间、美日之间，各种矛盾将会令人眼花缭乱地呈现出来。今天在这个问题上这些国家会形成一种"朋友"关系,明天这些国家中的一部分国家又会和另一些国家成为"朋友",各种各样的关系也将会突破人们传统的"盟友"或"朋友"观念。二战以来形成的东西方关系在苏联解体以后还在深化,西方中心主义上升的势头已经变化,西方国家之间的盟友关系正在分化。如果说当年苏东剧变是以雪崩式的"剧"为特点的,那么当前正在加剧的西方分化是以"慢"为特点的慢性病的发作。

对于正处于上升势头的中国来说,一方面,在世界大变局中面临着新的战略机遇,离实现中华民族伟大复兴的目标越来越近了;另一方面,在世界大变局中面临的挑战和风险也越来越大了。当前中国需要高度警惕三个最坏的可能局面:一是中美战略和地缘竞争显著加剧,中美关系陷入"修昔底德陷阱"而出现严重的战略对峙;二是美西方国家在观念和意识形态上对华不信任加深,由此显著拉大中国同"大西方"的距离;三是美国同其他发达国家通过塑造更高标准的国际经贸规则,以及在WTO和G20等多边场合故意设置涉华议题,从而把中国孤立于国际体系之外。[1] 其危险之处在于,中国处于新一轮大国战略竞争

---

[1] 2018年7月,美欧(盟)达成以零关税、零壁垒、零补贴为核心的新的贸易协定。2018年12月,日本主导的《全面进步的跨太平洋伙伴关系协定》(CPTPP)正式生效,以及美国同部分发达国家希望大幅度变革WTO规则,都值得予以高度关注。

的中心位置，意识形态较量与经济、地缘竞争一道成为大国角力的焦点，中国面临的外部压力空前严峻。随着国际秩序快速变迁，中美关系甚至更大范围的中国与西方世界的关系可能变得比以前更加复杂。在百年大变局下，我们需要准确研判国际战略格局的基本态势，最大程度优化中国外部环境，主动塑造和维护中国发展的战略机遇期。

国际秩序震荡和重组突显构建人类命运共同体的必要性紧迫性

世界早已是一个"地球村"，各国相互依存不断加深，相互影响不断增强，各国命运紧密相连，利益休戚与共。但人类社会还没有形成"大家庭"，霸权主义、强权政治依然存在，保护主义、单边主义不断抬头，传统安全和非传统安全问题复杂交织。世界怎么了，我们怎么办？在世界大发展、大变革、大调整时期，国际社会迫切呼唤新的全球发展和治理理念，构建新的更加公正合理的国际秩序，开辟人类更加美好的发展前景。中国方案是：构建人类命运共同体，建设更加美好的世界。

习近平总书记曾说："信任是国际关系中最好的黏合

剂。"[1] 塑造全球共识，破解信任赤字，是解决和平赤字、发展赤字、治理赤字的关键。面对复杂严峻的全球性挑战，任何国家都无法独善其身，唯有共担风险，共同应对，才能互利合作，共同发展。要树立建设伙伴关系的新思路，摒弃冷战对峙和强权政治旧思维，实现各国守望相助、同舟共济；要秉持双赢、多赢、共赢的新理念，超越零和竞争、赢者通吃的理论窠臼，倡导各国扩大利益交集，做大共同利益蛋糕；要坚持共商共建共享的原则，坚持多边主义，坚持以开放包容求发展，反对以邻为壑，反对保护主义和单边主义行为。在世界不断发展但又乱象纷呈的时代，中国旗帜鲜明地提出推动构建新型国际关系，推动构建人类命运共同体，就是要为21世纪人类社会发展指明方向，为国与国交往提供基本遵循，因而具有广泛而深刻的世界意义。

---

[1] 习近平：《为建设更加美好的地球家园贡献智慧和力量——在中法全球治理论坛闭幕式上的讲话》，《人民日报》，2019年3月27日。

世界发展大趋势彰显人类命运共同体的必然性规律性

在世界百年大变局下推动构建人类命运共同体，不只是有现实意义上的必要性和紧迫性，更有深层次意义上的必然性和规律性。着眼人类历史发展进程，百年大变局的本质在于国际秩序的大发展与大调整，其核心议题是国际秩序的演进方向和发展趋势，其根本动力在于科技革命和产业革命的突破性进展以及思想和制度的伟大创新。在当前世界大发展、大变革和大调整时期，虽然不确定性不稳定性因素不断涌现，传统安全与非传统安全威胁相互交织，但经济全球化、世界多极化和非西方化、全球治理不断变革完善、人类文明交流互鉴不断深化的基本方向没有也不会发生根本逆转。秉持正确的历史观、大局观和角色观，我们既需要及时把脉国际形势的新变化新动向新特点，更需要秉持历史、全面、辩证的思维，清醒把脉人类历史发展方向和世界发展大势，充分把握世界大变局带来的百年一遇的历史机遇。推动构建人类命运共同体，正是顺应时代潮流和世界发展大势的必然选择。

经济全球化的大势没有变

世界进入近代以来，地理大发现以及历次科技革命都直接推动了经济全球化的不断发展。21世纪以来，云计算、大数据、物联网、人工智能的日新月异，现代交通物流技术的大发展，以及生产要素的全球性流动和重组，极大地推动了经济全球化进程的持续深入发展，日益形成一种商品大流通、贸易大繁荣、投资大便利、资本大重组、技术大发展、人员大流动、信息大传播的全新局面。在这个历史性进程的长期作用下，世界各国各地区的资源优势得到更合理的配置和更充分的发挥，发展中国家与发达国家通过生产要素的流动和产业链、价值链、供应链的构建实现了联动发展，人类社会的生产力得到更高程度的发展和释放，世界作为一个整体的发展水平得到显著提高。随着物质条件的发展，人类交往的世界性比过去任何时候都更深入、更广泛，各国相互联系和彼此依存比过去任何时候都更频繁、更紧密。

同样具有历史意义的是，全球化的推动力量也正在经历历史性重组，新兴经济体和发展中国家积极参与全球分工和产业合作，已经成为新一轮经济全球化进程的重要新生力量。部分西方大国鉴于自身在全球化进程中相对获益有所减少，保护主义和民粹主义思潮明显抬头，逆全球化态势明显上升，加之2020年初以来新冠疫情肆虐全球，造成了经济全球化进程的暂时显著受挫。在全球化进程不断发展的同时，自由贸易与保护主义、多边主义与单边主义的竞争也在显著加剧。但是，着眼世界中长期发展趋向，世界性的科技和产业革命深入发展的基本态势不会根本改变，各国各地区相互联系日益紧密的基本态势不会根本改变，人类社会追求和平、发展、合作、共赢的强烈愿望不会根本改变，全球化进程不断深入发展的基本态势自然也不会根本改变。

国际格局多极化和非西方化的大势没有变

自近代以来，西方大国的世界霸权此消彼长、几经转换，大英帝国维系"日不落帝国"长达近两个世纪和二战以后美国的超强地位把这种世界霸权演绎得淋漓尽致。不过，20世纪一百年以来，人类历史发生了两个前后相继且具有重大全球性影响的历史变迁大事件，其意义之重大足以影响人类社会发展的未来。第一件大事，伴随20世纪世界民族独立运动的蓬勃发展，亚非第三世界国家纷纷实现政治独立并最终彻底终结了欧洲大国维系数百年之久的殖民体系，数十亿曾经深受外来压迫的人民从世界体系的最低端、最边缘开始走上世界舞台进而重新彰显自身的世界价值和意义,这是20世纪世界历史上具有划时代意义的伟大事件。正如英国著名历史学家杰弗里·巴勒克拉夫所言:"1945年到1960年期间,至少40个国家和8亿人口——超过世界人口的四分之一——反抗过殖民主义,并赢得了他们自己的独立。在整个人类历史上,以前还不存在如此迅猛进行的这样一次革命性反复。"[1]

第二件大事,则是20世纪下半叶特别是21世纪以来,一大批新兴经济体和发展中大国实现了经济较快发展,在全球经济格局中的地位不断上升,近代几百年以来世界经济重心第一次出现向非西方世界快速扩散的发展态势。据预测,到2035年,发展中国家的经济规模将超过发达国家经济体,发展中国家GDP占世界的比重将从目前的40%上升到将近60%。更为关键的是,东亚新兴工业化国家积极抓住第三次科技革命的历史契机,以及不断加强在即将到来的第四次科技革命中的前瞻布局,在部分领域显著提升了在全球产业链、供应链、价值链中的地位和影响力。虽然"大西洋时代"仍未过去,资本主义世界经济体系仍在维系,但"太平洋时代""印度洋时代"已经

---

[1] [英]杰弗里·巴勒克拉夫:《当代史导论》,张广勇等译,上海社会科学院出版社,1996年,第149—150页。

来临，国际经济格局正在发生自近代以来的最大变化。如果说19世纪末因美国崛起而导致世界经济重心由西欧向北美转移算是一次世界经济地理大变局的话，那么这次大变局的范围之广、程度之深、涉及人口之多、世界意义之大前所未有。同样重要的是，伴随世界经济重心的逐步多元，国际权力格局也在悄然发生重大转变，其中最显著的特征在于，在美国和俄罗斯传统政治大国之外，中国、欧盟、印度、日本等的国际政治影响力显著上升，国际力量对比更趋均衡的态势更加明显，世界多极化进程继续稳步向前推进。

全球治理体系变革完善的大势没有变

伴随世界经济和国际权力格局的演变，长期以来，发达国家"治人"、发展中国家"治于人"的全球治理格局也出现了新的变化趋向。一是全球治理主体更加多元，以中国为代表的一些新兴发展中国家在全球治理领域开始承担更大的责任、提出更多方案；二是全球治理议题更加复杂，议程更加紧迫，诸如恐怖主义、气候变化、难民移民等问题未能得到有效解决，以天空、网络、深海、极地、生物为代表的"新边疆""高边疆"问题大量涌现，同时，2020年新冠疫情的全球蔓延更是把重大传染性疾病和全球公共卫生健康历史性地提上了议事日程，成为全球治理中最为紧迫的任务；三是全球治理规则和理念加速演变，特别是中国提出共商共建共享的全球治理观，以及长期以来为新兴国家和发展中国家争取更大话语权的不懈努力，正在产生越来越大的积极效应；四是全球治理平台更加丰富，G20、金砖国家组织以及一大批区域和跨区域合作组织的诞生且不断发展，以及中国倡导的"一带一路"国际合作对全球性发展问题和治理问题正在产生积极影响，一个多层面、多维度、多领域的全球治理体系正在逐步完善。

当前新冠疫情严重威胁着人类的生命健康和世界经济发展，加之美国全球治理意愿和能力显著下降，特别是特朗普当局把疫情政治化和意识形态化的操作，突显了全球治理面临的赤字和困境。我们可以悲观，但无须绝望。我们要看到，多边主义而非单边主义、开放包容而非自私狭隘仍是国际社会的主流，以世卫组织为代表的国际多边机构正在积极呼吁塑造全球共识，以中国、欧洲、日本为代表的多个国家正在积极推动全球公共卫生合作。在当前全球治理的相对困难时期，习近平总书记明确提出打造"人类卫生健康共同体"，呼吁国际社会要把非洲等发展中国家作为增强全球公共卫生韧性的关键，以及中国积极推动国际社会联防联控，力所能及地向受疫情冲击的国家特别是发展中国家提供必要的医疗援助，就是引领全球共识、塑造国际议程的重要体现。

人类文明交流互鉴的大势没有变

自近代以来的相当长时期里，世界范围的知识流动总体上呈现出从北方世界向南方世界单向度的扩散和渗透。21世纪以来，一大批新兴经济体和发展中大国开始成为知识、信息、科学技术的生产源和传播源，在方兴未艾的新技术、新产业革命中不断崭露头角，同时伴随中国特色社会主义思想、制度的不断发展完善和一些转轨国家在制度上的不断探索，世界范围的思想、观念、制度、模式也呈现出日益多元的格局。

曾几何时，发展中国家要学习借鉴经济发展和国家治理经验，它们要么去伦敦、巴黎，要么去华盛顿、纽约，而如今，众多发展中国家在继续借鉴发达国家的知识和经验的同时，也开始了更大规模的自主创新、自主发展以及不断推进彼此间的发展合作与知识交流，这在人类历史上尚属首次。此种经验交流可以助推发展中国家重新思考自身发展道路、发展模式和发展政策，帮助它们更好应对和解决全球性发展和治理问题，同时，得益于南南知识交流与共享而不断深入推进的发展中国家复兴浪潮又正在从结构上有力推动着国际秩序的发展和演变，彰显着发展中世界对人类发展的新贡献和新价值。

和平、发展、合作、共赢的时代潮流没有变

随着世界多极化、经济全球化、文化多样化、社会信息化深入发展，各国命运紧密相连，利益休戚与共，世界早已形成你中有我、我中有你，一荣俱荣、一损俱损的命运共同体。世界潮流，浩浩荡荡，顺之则昌，逆之则亡。历史告诉我们，一个国家要发展繁荣，必须把握和顺应世界发展大势，反之必然会被历史抛弃。什么是当今世界的潮流？习近平总书记明确指出，答案只有一个，那就是和平、发展、合作、共赢。①

要跟上时代前进步伐，就不能身体已进入21世纪，而脑袋还停留在过去，停留在殖民扩张的旧时代里，停留在冷战思维、零和博弈老框框内。②面对复杂严峻的全球性挑战，任何国家都无法独善其身，唯有共担风险，共同应对，才能互利合作，共同发展。我们要秉持人类命运共

---

① 习近平：《在德国科尔伯基金会的演讲》，《人民日报》，2014年3月20日。

② 习近平：《顺应时代前进潮流 促进世界和平发展——在莫斯科国际关系学院的演讲》，《人民日报》，2013年3月24日。

同体意识，在政治上反对强权政治，树立建设伙伴关系的新思路；在安全上反对零和思维，营造各国共享安全的新局面；在经济上反对单边主义，开创世界共同发展的新前景；在文化上反对文明冲突，形成不同文明包容互鉴的新气象；在生态上反对以邻为壑，倡导绿色可持续发展的新理念。求和平、谋发展、促合作、图共赢仍是时代潮流，以合作取代对抗，以共赢取代独占，在追求本国利益时兼顾别国合理关切，推动各国实现互利合作、共同发展，仍是世界人民的共同期待。

中华民族伟大复兴和中国特色社会主义不断发展的历史进程没有变

经过长时期的革命、建设和改革尤其是党的十八大以来的稳步发展，党的面貌、国家的面貌、人民的面貌、军队的面貌、中华民族的面貌发生了前所未有的巨大变化。中国迎来自1840年以来的最好发展时期，综合国力发展之快、世界影响之大百年未有，世界贡献、大国责任的快速增长百年未有，道路、理论、制度和文化的全面自信百年未有。自中国步入近代以来，久经磨难的中华民族迎来了从站起来、富起来到强起来的伟大飞跃，迎来了实现中华民族伟大复兴的光明前景。曾几何时，西方自由主义理论家们高举"历史终结论",欢呼资本主义制度就此一统天下。但历史的发展自有其内在发展逻辑和演进规律。21世纪以来,中国经济和科技获得持续快速发展,政治和社会稳定持续巩固,社会制度不断调整和完善,国家治理能力不断提升。经过长期努力和接力奋斗,中国特色社会主义伟大事业不断前行,社会主义现代化建设不断取得新的成就,新时代中国道路的启发性、中国理论的先进性、中国制度的优越性、中国文化的可亲性更加突出。

习近平总书记指出,当前我国处于近代以来最好的发展时期,世界处于百年未有之大变局。[①]中国百年大发展和世界百年大变局同步交织、相互激荡,中国与世界的互动比历史上任何时期都要紧密,其影响和意义比历史上任何时期都要重要。新时代中国共产党肩负的历史使命更为远大,既要奋力实现中华民族伟大复兴,完成近代以来中国人的民族夙愿,又要心系天下,携手世界推动构建人类命运共同体,建设更加美好的世界。新的历史使命赋予中国外交以新的历史任务,既需要主动塑造和维护中国发展的战略机遇期,为中华民族伟大复兴提供更加有力的保障和更加有利的外部环境,也需要助推中国更加深入参与

[①]《坚持以新时代中国特色社会主义外交思想为指导 努力开创中国特色大国外交新局面》,《人民日报》,2018年6月24日。

全球事务并发挥负责任的大国作用，为建设更加美好的世界贡献更多中国价值、中国方案和中国力量。推动构建人类命运共同体，正是习近平总书记在准确把脉世界发展潮流、着眼增进人类共同福祉基础上提出的重大世界愿景，它为世界发展指引了前进方向，为新时代中国外交提供了基本遵循，因而具有重要的理论和现实意义。

推动构建人类命运共同体是世界百年未有之大变局的根本发展方向

人们观察世界，多囿于西方之一隅。如果以一种全球纬度的大历史视野观之，过去百余年来世界体系的最大变化之一，是广大第三世界国家先后实现政治独立，随后开始追求全面发展和复兴。欧洲殖民大国维系百余年的殖民体系早已寿终正寝，延续至今的以美欧为主导的世界体系也正在发生某些具有结构性意义的改变，世界日益呈现出一种"多中心化"甚至"去中心化"的趋势，延续几个世纪之久的以西方为中心、以亚非拉为外围的"中心—边缘"垂直体系正在悄然发生重大转变。这些在近代资本主义世界体系中长期处于边缘的地区和国家，如今通过自主发展和横向联合，逐渐成为世界经济增长的新引擎，成为国际规则的重要制定者，成为人类知识的重要创造者，成为国际政治舞台的重要参与方。

　　人类历史进步从来都不是一帆风顺的，但前景却是光明的。虽然旧的世界秩序的根本性改变仍需时日，其间必然伴随新旧观念、制度和力量的竞争和博弈，但世界经济格局、权力格局、知识格局、全球治理结构所呈现出的积极变化趋向，预示着一个更加公平、公正、多元、均衡的世界体系正在加速到来。对人类社会发展而言，百年大变局既有着百年一遇的大机遇，也有着百年难遇的风险和挑战，但机遇仍然大于挑战，希望仍然大于困难。世界大势呈现的六个"没有变"，正是自20世纪90年代以来人类发展大势的六个"大变"，这是世界百年未有之大变局的最主要方面，也是人类社会发展的重大机遇和希望所在。推动构建人类命运共同体，正是顺应时代潮流和世界发展大势的必然选择。世界将走向各方？答案只有一个，推动构建人类命运共同体是人间正道。

第二章

人类命运共同体的基本内涵与世界意义

面对世界百年未有之大变局，构建人类命运共同体是21世纪筹划人类命运的唯一选择，是中国为完善全球治理体系而给出的中国方案。人类命运共同体包含地位观、安全观、发展观、文明观、生态观、生命观等核心要义。人类命运共同体不能简单地等同于未来社会的共同体（即自由人联合体）。构建人类命运共同体，中国提出了促进世界共同发展的正义主张，优化全球治理的正义主张，增进全球信任的正义主张，维护世界和平的正义主张，重构世界文明格局的正义主张，探索更好社会制度的正义主张，为解决人类共同难题提供了价值引领，为建设美好世界作出了中国贡献。构建人类命运共同体，创新了全球治理的思维方式，开辟了世界秩序的宏大愿景，标识了中国外交的未来方向，开启了人类文明的崭新形态。

面对世界百年未有之大变局，构建人类命运共同体是

21世纪筹划人类命运的唯一选择。构建人类命运共同体，是中国对国际秩序观和全球治理观的创新与发展，是中国为建设美好世界而推动的顶层设计，也是中国为完善全球治理体系而给出的"中国方案"。

人类命运共同体的核心要义

当今世界，"各国相互联系、相互依存的程度空前加深，人类生活在一个地球村里，生活在历史和现实交汇的同一个时空里，越来越成为你中有我、我中有你的命运共同体。"[①] 人类命运共同体，顾名思义，就是每个民族、每个国家的前途命运都紧紧联系在一起，应该风雨同舟，荣辱与共，努力把我们生于斯、长于斯的这个星球建成一个和睦的大家庭，把世界各国人民对美好生活的向往变成现实。人类命运共同体包含六个方面的核心要义：平等相待、互商互谅的地位观，公道正义、共建共享的安全观，合作共赢、包容互进的发展观，和而不同、兼收并蓄的文

[①] 习近平：《开启中非合作共赢、共同发展的新时代——在中非合作论坛约翰内斯堡峰会开幕式上的致辞》，《人民日报》，2015年12月5日。

明观，尊崇自然、绿色发展的生态观，人民至上、生命至上的生命观。

平等相待、互商互谅的地位观

国家大小、强弱、贫富有别，发展模式和发展程度不同，但作为一个主权国家，都应有平等参与国际事务的权利，也应有自主选择社会制度和发展道路的权利。"世界的命运必须由各国人民共同掌握。各国主权范围内的事情只能由本国政府和人民去管，世界上的事情只能由各国政府和人民共同商量来办。"[①] 与此同时，世界主要大国应承担更多的国际责任，积极参与国际争端的解决，而不是以强凌弱、以大压小、以富欺贫，肆意干涉他国内政。"己所不欲，勿施于人"，任何一个国家都不应该为了谋求自己的利益而损害他人的利益，将自己的意志强加于人。"损人利己、以邻为壑"只能是"竹篮打水一场空"，最终遭殃的是整个世界。人类命运共同体追求的是"协和万邦""万国咸宁""亲仁善邻"，奉行的是多边主义，走的是"对话而不对抗，结伴而不结盟"的国际交往新路，构建的是全球伙伴关系。各个国家应平等相待、互商互谅，

---

① 习近平：《习近平谈治国理政》第1卷，外文出版社，2014年，第274页。

共同推动世界秩序朝着更加公正合理的方向发展。

公道正义、共建共享的安全观

全球化时代,"没有一个国家能实现脱离世界安全的自身安全,也没有建立在其他国家不安全基础上的安全。"面对传统安全和非传统安全挑战,各个国家和地区应摒弃冷战思维,营造公道正义、共建共享的安全格局。中方主张对话而不对抗、结伴而不结盟的国际交往观,超越政治霸权和军事结盟的老套路,建立全球伙伴关系的新网络;中方主张共同、综合、合作、可持续的新安全观,摒弃冷战思维、集团对抗,反对以牺牲别国安全换取自身绝对安全的做法,实现普遍安全;中方倡导不冲突、不对抗、相互尊重、合作共赢的新型大国关系,反对大国必战、国强必霸的历史逻辑,避免重蹈"修昔底德陷阱"。

合作共赢、包容互惠的发展观

全球化时代,国际交往合作空前活跃,各国之间水乳交融、命运与共、一荣俱荣,一损俱损。在经济全球化的背景下,各个国家的利益成为全球利益链条上的一环,任何一个国家的利益出现问题,都可能导致整个利益链条的断裂,可谓是"牵一发而动全身"。任何一个国家的发展也离不开与其他各国的合作，离不开世界的发展。"计利当计天下利"，在追求本国利益时兼顾他国合理关切，在谋求本国发展中促进各国共同发展。"独善其身"既不可能，也没有必要。关起门来搞建设，只能是越搞越落后，越搞越贫穷。单打独斗已无法应对全球性的发展难题，各国通力合作才是唯一选择，共生共赢才是唯一出路。

和而不同、兼收并蓄的文明观

文明没有高低优劣之分，只是历史长短之别。各个国家和民族不管大小、强弱，其思想文化都是世界文明的一部分，都凝聚着国家和民族的智慧和贡献，都为人类的文明作出了贡献。应充分尊重不同民族、不同宗教、不同文明的多样性。世界发展的活力恰恰在于这种多样性的共存。和谐世界实质上是"和而不同"，是有差别、有矛盾、多样性的协调和统一，而不是简单的"同一"。"海纳百川、有容乃大"，珍惜和维护本国本民族的思想文化的同时，也要承认和尊重其他民族的思想文化。同时，在文化交流中应借鉴和吸收其他民族文化的积极成分，兼收并蓄、博采众长，在交流融合中发展进步。中方倡导平等、互鉴、对话、包容的文明观，倡导和平、发展、公平、正义、民主、自由的全人类共同价值，致力于建设兼收并蓄、美美与共的现代文明世界。

尊崇自然、绿色发展的生态观

人类是地球之子，保护地球是人类的天职；人类是自然进化的产物，尊重自然的发展规律，是人类社会可持续发展的前提。自工业革命以后，人类以主体的地位凌驾于自然之上，向地球无限制地索取，给地球带来了难以承受之重。臭氧层削弱、海洋污染、生态系统失调、大气二氧化碳含量增加，这些问题都可能导致灾难性后果。历史一再证明，人的发展与自然密切相关，只有人与自然和谐相处，才能实现经济、社会和环境的可持续发展和人的自由全面发展。解决全球性的环境问题，应树立尊重自然、保护自然的意识，走绿色、低碳、循环、可持续的发展道路。

人民至上、生命至上的生命观

人的生命只有一次，生命权、健康权是首要的人权，维护生命健康是世界各国的首要责任。新冠肺炎疫情是世界面临的时代大考，保障人民生命安全和身体健康，是摆在各国政府面前的首要任务。自新冠肺炎疫情暴发以来，中国共产党和中国政府始终"把人民群众的生命安全和身体健康放在第一位",彰显了社会主义的核心价值。习近平总书记强调:"人民至上、生命至上,保护人民生命安全和身体健康可以不惜一切代价"。[1]为了防控疫情,我们毅然对经济社会发展按下暂停键,不惜付出高昂代价,不遗漏一个感染者,不放弃每一位病患,义无反顾地把人民的生命和健康放在第一位。同时,我们秉持人类命运共同体理念,积极履行国际义务,密切同世界卫生组织和相关国家的友好合作,主动同国际社会分享疫情和病毒信息、抗疫经验做法,向100多个国家和国际组织提供力所能及的物质和技术援助,还承诺把中国疫苗作为公共产品向全球提供,体现了负责任大国的担当,与世界各国一道共同构建人类卫生健康共同体。

人类命运共同体与未来社会的共同体

人类命运共同体不能简单地等同于未来社会的共同体(即自由人联合体),两者之间既有内在一致性,也存在本

---

[1]《坚持人民至上 不断造福人民 把以人民为中心的发展思想落实到各项决策部署和实际工作之中》,《人民日报》,2020年5月23日。

质区别。

社会样态与社会形态

从外在的样态来看，人类命运共同体主要指称一种社会状态，而非社会形态。未来社会的共同体即自由人联合体，则主要用来指称未来理想的社会形态。

人类命运共同体与社会形态无关，是不同社会形态和平共处的理想样态。习近平总书记指出："人类命运共同体，顾名思义，就是每个民族、每个国家的前途命运都紧紧联系在一起，应该风雨同舟，荣辱与共，努力把我们生于斯、长于斯的这个星球建成一个和睦的大家庭，把世界各国人民对美好生活的向往变成现实。"[①] 人类命运共同体不是一种世界社会实体，也不是按照统一的国际章程结成的"现代国家联合体"，更不是一种国际统一战线、国际合作组织；人类命运共同体既无确定的国际组织形态，也不存在确定的国际权力关系，它只能被理解为不同社会制度和谐共生的社会状态，或者不同制度的国家和平共处的世界秩序。缺乏组织形态的捆绑，缺乏权力关系的约束，人类命运共同体存在的合理性在于不同国家对于人类共同

---

① 习近平：《习近平谈治国理政》第3卷，外文出版社，2020年，第433页。

命运的期盼。在关乎人类前途命运的挑战面前，比如核扩散、恐怖主义、全球生态危机、全球重大传染病疫情、重大核泄漏事故等，主权国家之间的利益矛盾必须被悬置乃至被超越，必须让位于人类命运共同体。

未来社会的共同体是人类社会发展的最高形态，是全球性社会形态，即共产主义高级阶段。在马克思那里，人们生活于其中的资本主义社会是一个充满异化的"虚幻的共同体"。在那里，资本主义社会作为某种独立的、异己的东西同个人相对立，这种共同体，对于被统治阶级来说，完全是一种桎梏。马克思通过对资本主义社会的批判，设想一个超越现实的理想共同体图景，即"自由人的联合体"。这是"以每个人的全面而自由的发展为基本原则的社会形式"[①]，是对未来理想社会共同体的一种设想，也是对资本主义"虚幻的共同体"的扬弃。

和而不同与天下大同

从本质论的角度来看，人类命运共同体，作为一种国际秩序或社会状态，其本质特征是和而不同；未来社会的共同体即自由人联合体，作为未来理想社会，其首要特征

---

① 马克思、恩格斯:《马克思恩格斯全集》第 23 卷，人民出版社，1972 年，第 649 页。

是天下大同。

人类命运共同体不主张齐一化的标准，不追求同质化的世界。古人云："万物并育而不相害，道并行而不相悖"。[①] 建设人类命运共同体，不是倡导每个国家遵循统一的国际标准，不是谋求单一文明主宰世界，更不是主张以一种社会制度替代其他制度，以一种文明置换其他文明，而是主张不同社会制度、意识形态和发展阶段的国家，在国际交往中相互尊重、平等相待，实现利益共赢、权利共享、责任共担、风险共御，共同建设和而不同的美好世界。

未来社会的共同体，作为共产主义的高级阶段，在这里：社会生产力高度发展，劳动生产率空前提高，社会产品极大丰富，社会财富充分涌流，实行各尽其能、按需分配原则；全体社会成员共同占有生产资料，商品和货币消亡；消灭了工农差别、城乡差别、脑力劳动和体力劳动的差别；旧式分工消亡，社会调节整个生产，每个社会成员都可以自由和全面发展自己的才能；阶级差别消失，"对人的奴役"为"对物的管理"取代，国家机器将自行消亡；随着经济上的一切压迫和奴役制度消亡，阶级社会的

[①] 见《礼记·中庸》。

一切不平等的道德观念也随之消亡。概言之，天下归一、世界大同。

必须说明的是，天下大同不等于天下齐一，它不排斥和而不同，是包容"和而不同"于其中的天下大同；但"和而不同"则是包含着诸多对立面、反面的共存，未必天下大同。

世界主义与国际主义

从价值论来看，人类命运共同体超越了民族主义的窠臼，彰显了世界主义立场；未来社会的共同体，即自由人联合体，则体现了国际主义立场。

人类命运共同体秉持世界主义立场，反对狭隘民族主义，反对西方中心主义、东方中心主义以及各种形式的沙文主义。强调不同国家在承认国家认同、民族认同的基础上关照世界，强调通过国际契约、国际合作建设一个合乎人类共同利益的正义世界，建设一个"持久和平、普遍安全、共同繁荣、开放包容、清洁美丽的世界"。

未来社会的共同体秉持国际主义精神，反对原子个体主义。在这里，民族国家已经消亡，全人类获得了普遍解放，每个人的自由发展以一切人的自由发展为条件，共同体成员以"相互承认"为前提，"互相依靠"为基础，"共御风险"为保障,"共同发展"为目标。建成未来社会的共同体,是全人类的共同事业,寄希望于"全世界无产者联合起来",寄希望于国际主义的大团结,寄希望于"地域性的个人为世界历史性的、经验上普遍的个人所代替"。[①]未来社会的共同体,是以生产力的普遍发展和世界的普遍交往为前提的,绝不可能存在于地球的某个角落,绝不可能在一个国家或几个国家内部率先建成,它"只有作为占统治地位的各民族'一下子'同时发生的行动,在经验上才是可能的","只有作为'世界历史性的'存在",[②]在地球上才是现实的。

国家命运与个体命运

从主体论的角度来看,人类命运共同体的基本行为主体是主权国家,表现为国家联合体,直接解决的是国家命运问题,旨在实现不同社会制度、不同发展阶段的国家之间和平发展、合作共赢;未来社会的共同体,基本行为主体是个人,表现为自由人联合体,本质是每个人自由个性的实现和全人类的普遍解放。

[①] 马克思、恩格斯:《马克思恩格斯选集》第 1 卷,人民出版社,2012 年,第 166 页。

[②] 马克思、恩格斯:《马克思恩格斯选集》第 1 卷,人民出版社,2012 年,第 166、167 页。

人类命运共同体着眼于国家间共存共荣，侧重从国家角度发力，通常在国家间、区域间乃至全世界构建命运共同体，而不是在不同群体间构建命运共同体。人类命运共同体侧重解决的主要问题是，利益高度冲突的世界如何携手应对共同挑战，两种制度共存的世界如何携手走向未来，贫富差距巨大的国家如何携手共同进步。人类命运共同体通常表现为一种新的世界秩序、一种新型国际关系。虽然一些世界性的政党、社会组织、跨国集团、NGO 等都可以作为行为主体，参与到人类命运共同体的构建之中，但是在主权国家时代，国家的作用是不可替代的，主权国家间的合作是构建人类命运共同体的关键力量。

未来社会的共同体着眼于人的发展，核心要义是每个人自由全面发展的人类共同体，即自由人的联合体。在未来社会的共同体中，人摆脱了自发性的主宰，摆脱了外在的剥削和压迫，摆脱了人和物的双重依赖，成为自由自觉的存在，成为真正的个人。也就是说，到那时，人摆脱了自然的奴役、权力的奴役、资本的奴役，清除了一切阻碍人自由全面发展的桎梏，成为社会和历史的主人，实现人与社会、人与人、人与自然之间的真正和解；到那时，

"迫使个人奴隶般地服从分工的情形已经消失"①，工农之间、城乡之间、脑体之间的对立不复存在，每个人都可以自由全面地发展自己的才能；到那时，每个人"终于成为自己的社会结合的主人，从而也就成为自然界的主人，成为自身的主人——自由的人"②。在未来社会，人的生存体验是完满的、美好的，是自由的、自觉的，"人以一种全面的方式，就是说，作为一个完整的人，占有自己的全面的本质。"③

时代纲领与最高纲领

从时代意义来看，构建人类命运共同体是现时代国际社会的共同使命，是世界历史进程中的阶段性目标，是全人类的最低纲领，即时代纲领；未来社会的共同体是世界历史进程中的最终目标，自由人联合体的实现是一个漫长的自然历史过程，从这个意义上说，建立未来社会的共同体是全人类的终极纲领，即最高纲领。

人类命运共同体指向当下，是针对现阶段人类面临

---

① 马克思、恩格斯：《马克思恩格斯选集》第3卷，人民出版社，2012年，第364—365页。
② 马克思、恩格斯：《马克思恩格斯文集》第9卷，人民出版社，2009年，第398页。
③ 马克思、恩格斯：《马克思恩格斯文集》第1卷，人民出版社，2009年，第189页。

的共同难题、回答"世界之问"而提出的行动方略和具体方案，是从当代世界经济、政治、文化、社会、科技、生态、安全等领域的具体实际出发，所作出的科学预判和顶层设计。构建人类命运共同体，符合国际社会的根本利益和普遍期待，凝聚了全人类的价值共识，体现了大多数国家的最大公约数。人类命运共同体是超越传统国际关系格局，超越中心—边缘结构，超越主从依附逻辑，迈向国际新秩序的一个阶段性目标。也许，建成人类命运共同体是一个漫长的过程，但它的起跑线已经拉开，行动号角已经吹响，全世界有使命感的国家已经出发，我们已经行走在正确的路上。

未来社会的共同体指向未来，是一条漫长的路，是需要经过几代人、十几代人甚至几十代人的努力才能达到的目的地。尽管今天的奋斗也是在为未来社会奠定物质基础，为未来社会的共同体的实现创造条件，但这个共同体究竟是什么样的，应该由未来的人们去回答，今天的人们不可能也不必要做出具体的设想，因为设想的越具体就容易沦为空想。通往自由人联合体，中国等少数国家已经将其确立为自觉的远大目标，写进了宪法和党章；但对于绝大多数国家来说，这仍然是一个乌托邦的地方，需要全人类的共同努力、长期奋斗才能为其开辟道路，展示前进的方向。当然，马克思、恩格斯所设想的理想共同体今天还没有出现，未来较长一段时期内也不会出现，但并不代表不能实现、不会实现，这是一种崇高的理想追求，是由历史的必然性所决定的，指引着人类社会的发展方向。共产主义再难，未来社会的共同体再远，只要不犯颠覆性、方向性的错误，就会不断接近。

人类建成命运共同体，是顺应世界历史总体进程的，是通往未来社会的共同体的必经阶段，是人类进步史上的一大步。现阶段，我们致力于构建人类命运共同体，正是为了向着未来的理想社会挺进，为了给未来社会的共同体积蓄能量、开辟道路。人类命运共同体的决定性出场，必将载于世界历史史册，但这不是人类进步的终点，它没有终结历史的未来发展，人类社会还存在向上提升、向外扩展的巨大历史空间，历史不会止步于"共同命运"。"人类命运共同体"的目的地，便是人类向着未来社会的共同体进发的前沿阵地。

中国主张与人类命运共同体理念的现实化

人类命运共同体作为一种总体性的、元哲学高度的文明理念，唯有外化为具体的中国主张，体现为具体的中国行动，才是现实的，才有力量。建构以人类命运共同体理念为核心的人类新文明，中国提出了一系列重大主张，采取了一系列具体行动，为解决人类共同难题提供了价值引领，为建设美好世界作出了中国贡献。在这个意义上，人类命运共同体的主张，代表的是人类正义的主张。

促进世界共同发展的中国主张、正义主张

发展是硬道理，适用于各国，问题仅仅在于实现什么样的发展、怎样发展。发展道路千万条，那种认为非西方世界最终将因循一个单一发展模式的合流观念是过于简单化的。中国倡议成立亚投行、丝路基金、金砖国家新开发银行等多边金融机构，倡议全球共建"一带一路"，倡导创新、协调、绿色、开放、共享的发展观，倡导开放、融通、互利、共赢的合作观，倡导开放、包容、普惠、平衡、共赢的新型全球化，倡导既能加快发展又能保持自身独立性的现代化方案，破除你输我赢、赢者通吃的陈旧观念，超越了梯度发展、线性进化的发展逻辑，超越了"现代化＝西方化"的固化思维，成功改写了西方主导的全球发展观念。

优化全球治理的中国主张、正义主张

全球化时代，地域性的问题也转变为世界性的共同难题，需要全人类共同面对、共同治理。中方主张共商共建共享的全球治理观，超越意识形态划线的老思维，改写了大国主导、几方共治的治理模式。习近平总书记指出，"我们要推进国际关系民主化，不能搞'一国独霸'或'几方共治'。世界命运应该由各国共同掌握，国际规则应该由各国共同书写，全球事务应该由各国共同治理，发展成果应该由各国共同分享。"[1]今天，新兴国家与发达国家同镜同框，G20成为全球治理的重要平台，金砖机制、上合组织对全球地缘格局产生重大影响，全球治理体系正在转向发达国家与新兴国家联手共治的新局面。

增进全球信任的中国主张、正义主张

正如习近平总书记所说："信任是国际关系中最好的黏合剂。"没有信任，不同文明的国家不可能在同一个舞台

---

[1] 习近平：《习近平谈治国理政》第2卷，外文出版社，2017年，第540页。

上展开合作、共同行动。今天，国际交往领域信任缺失，肆意退群、毁约、筑墙。如何化解全球信任赤字，重构国际交往理性？中方倡导建设相互尊重、公平正义、合作共赢的新型国际关系，倡导公道正义、平等相待、互利共赢、共同发展的正确义利观，坚持以义为先、义利兼顾，增进战略互信，减少相互猜疑，构建命运与共的全球伙伴关系。中方提出的正确义利观、信任观，是对西方利益观和丛林法则的超越，为世界各国相互信任，并肩前行，共同建设更加美好的世界提供了正确遵循。

维护世界和平的中国主张、正义主张

战争意味着灭亡，和平才有未来。中国历史是以和平主义为主轴的，中华文化是和平主义传统的，中国道路是和平主义性质的。中国和平主义发展道路的世界历史意义在于：它是对五百年来"大国必战""国强必霸"的历史逻辑的超越，"它把不以扩张主义为出发点也不以霸权主义为必然归宿的发展前景启示给人类向着未来的历史筹划"。[①]中方主张共同、综合、合作、可持续的新安全观，倡导不冲突、不对抗、相互尊重、合作共赢的新型大国关

---

① 吴晓明：《论中国的和平主义发展道路及其世界历史意义》，《中国社会科学》，2009年第5期。

系，摒弃冷战思维、集团对抗，反对以牺牲别国安全换取自身绝对安全的做法，反对大国必战、国强必霸的历史逻辑，实现普遍安全。

重构世界文明格局的中国主张、正义主张

"和羹之美，在于合异。"[①] 文明归一，同则不继。今天，我们所生活的地球社会即使不是完全的资本主义化，也是高度的资本主义化，西方规则广泛地占据整个地球。普世主义是西方对付非西方社会的意识形态。中方倡导平等、互鉴、对话、包容的文明观，不认可文明优越论、文明冲突论，为人类文明发展指明了一条和谐共生之路。文明不是一元的，而是多样的。中方倡导和平、发展、公平、正义、民主、自由的共同价值观，倡导全人类共同价值，但绝不垄断价值的定义权，绝不将自己的价值模式强加到别国头上，绝不谋求单一价值模式统治整个世界。

探索更好社会制度的中国主张、正义主张

历史没有终结，西方自由民主制度不是唯一选择，更不是历史进化的终点。物之不齐，物之情也。世界上有

---

① 习近平：《习近平谈治国理政》第2卷，外文出版社，2017年，第543页。

2000多个民族，200多个国家和地区，它们的文化传统不同，历史命运不同，民族结构不同，宗教信仰不同，发展阶段不同，不可能走同一条道路，共享同一套制度模式。走自己的路，自主选择适合本国国情的发展道路和制度模式，这是中国推崇的制度哲学。习近平总书记指出，中国"不'输入'外国模式，也不'输出'中国模式，不会要求别国'复制'中国的做法。"[1]鞋子合不合脚，自己穿了才知道。中方倡导自主选择的制度观。中国向来主张，"国家不分大小、强弱、贫富，……都有权自主选择社会制度和发展道路"[2]，不可能也不必要定于一尊。

今天，中国的现代化事业，已经成为世界历史的一部分；中国的文明理念，已经成为人类文明的一部分。人类命运共同体以及作为该理念之外化、具体化的中国主张和正义主张，已经构成了塑造未来世界的文化隐喻，上升为引领世界历史走向的一种"普遍性"原则，具有深远的世界历史意义。

---

[1]《十九大以来重要文献选编》上，中央文献出版社，2019年，第113页。
[2] 习近平:《习近平谈治国理政》第2卷，外文出版社，2017年，第539页。

人类命运共同体的世界历史意义

构建人类命运共同体,方案源于中国,成果属于世界,贡献惠及全球。构建人类命运共同体,创新了全球治理的思维方式,开辟了世界秩序的宏大愿景,标识了中国外交的未来方向,开启了人类文明的崭新形态。

全球治理的新思维

人类命运共同体是对传统依附格局、主从结构、丛林秩序和零和规则的反动,它向全球提供了一种崭新的思维方式和文明理念,为优化全球治理开辟了新的愿景。人类命运共同体理念主张天下一家、协商共治,主张世界各国同呼吸、共命运,超越楚河汉界、主从依附和唯我独尊的优越感,实现从同质思维向多元思维、线性思维向复杂性思维、对抗思维向和谐思维的转换。

传统的共同体多数都属于"同质共同体",共同体成员要么以共同的文化价值观念、意识形态或精神生活为选择标准,要么以共同的经济、政治、军事目的为依归,"排他性"是其基本特征。比如,欧盟作为一个综合性的组织,北约、华约作为一个军事组织,都是"同质"国家间的合作。奥巴马在为北约存在的合法性辩护时指出,北约是北大西洋两岸的价值观共同体。这种"同质性"思维是冷战的思维基础,是意识形态斗争的重要根源,是诸多国际纷争的罪魁祸首,是少数大国拉帮结派、"党同伐异"的重要武器。

相反,人类命运共同体绝不是种族或文化同质性的实体,它是"一个全新概念的共同体,它不是建立在共同的时间、空间或身份的想法之上";它可以覆盖绝大多数国家和地区,涵盖人类生活的各个领域;它不以意识形态划界,不针对特定的对象,不拉帮结派,不搞排他性的小圈子,本质上属于"异质"国家间的合作,"协调性""多样性"是其基本特征。习近平总书记指出:"当今世界,人类生活在不同文化、种族、肤色、宗教和不同社会制度所组成的世界里,各国人民形成了你中有我、我中有你的命运共同体。"[①] 在这里,没有"文化例外",没有种族歧视,没有宗教排除,没有党同伐异,没有团团伙伙,没有意识形态隔阂。可见,这与北约、华约等排他性共同体是完全不同的。当然,人类命运共同体不搞团伙,不是不要团结,而是不要异化了的团结,不要那种以同一性压制差异性、以普遍性对抗特殊性的"机械团结";我们要的是一种新

---

① 习近平:《习近平谈治国理政》第 1 卷,外文出版社,2014 年,第 261 页。

型的团结，一种在尊重差异和个性基础上的团结，法国社会学家涂尔干称之为"有机团结"，这与依附型共同体所倡导的"机械团结"是完全不同的。

世界秩序的新建构

现存的国际秩序是由西方大国主导的"中心—边缘"结构，信奉的是单边主义、霸权至上的地位观，丛林法则、零和博弈的发展观，西方中心、文化殖民的文明观，抱团结盟、自我至上的安全观，这种观念与多极化的发展方向背道而驰，与冷战结束后的国际关系走向格格不入。随着全球化的深入发展，随着中国、俄罗斯、印度等一大批新兴国家的崛起，美国主导的国际政治体系、国际经济体系、国际安全体系遭遇到了前所未有的质疑与批评。然而，过去的批评家们只是在"把脉"，而问题在于"开方"，建构什么样的国际共同体才是全球普遍期待的答案呢？

把准问题，方能"开方"。21世纪的最大问题是联合起来共谋和平、共同发展的问题。21世纪，要建设持久和平、共同繁荣的和谐世界，就必须改变与民族国家的发展不相适应的国际旧秩序，创造使民族国家合作共赢成为可能的共同体环境；就必须反对霸权主义和强权政治，反对单边主义和丛林法则，将扭曲的国际关系重新扭转过来。

重建国际秩序的出路何在？中国给出的方案是：倡导人类命运共同体理念，构建"同呼吸、共命运"的新型国际共同体秩序。人类命运共同体意识缘于对现存国际秩序的批判性反思，缘于对建构国际新秩序的美好愿景，缘于对国家交往关系的合理性设计，缘于国际社会的普遍共识和共同期盼，也缘于中国的大国意识和责任担当。

人类命运共同体是21世纪筹划人类命运的唯一选择。人类只有一个地球，各国同处一个世界。在这个狭小的地球村里，全人类是一个"命运与共"的大家庭，国与国之间利益交汇、命运交织、休戚与共、合作共赢，越来越成为你中有我、我中有你的命运共同体。地球是人类生存的舞台，不是国家角力的竞技场。各个国家，无论大小、强弱、贫富，都是国际社会的平等成员，谁也没有理由选择对立对抗的发展道路，谁也不能为了一己之私搞乱世界，谁也无法在乱世中独善其身。

人类命运共同体是一种新型的国与国之间的生命共同体。民族国家结成人类命运共同体，既不是出于自我中心意识并把"他者"对象化的欲望，也不是出于对共同体中"他者"的单向依附，而是出于共同体成员间的相互合作与共同发展的良好愿望。在这样的命运共同体中，共同体成员间的利益是正相关的,即他者利益在事实上成为自我利益的一部分;在这样的命运共同体中,每一个成员国既在共同体之中,又独立于共同体;既服从共同体秩序的约束,又是自主生活的产物;既为共同体而存在,又为自己而存在。这样的共同体本质上是一种共建共享、互依互靠的新型共同体。

人类命运共同体理念为国际秩序的理性建构注入了中国元素。中国倡导的平等相待、互商互谅的地位观,公道正义、共建共享的安全观,合作共赢、包容互进的发展观,和而不同、兼收并蓄的文明观,尊崇自然、绿色发展的生态观,已经成为新时期引领国际关系发展方向的"文化隐喻"。作为文化隐喻,这些核心概念参与了国际秩序的理性塑造,它不仅改变了人们对国际秩序的理解,而且提供了一个新的视角,通过这个视角,人们被暗示——世界应该是什么样子的、不应该是什么样子的,世界应该向着什么方向发展,某些行为何以是正当的,现存国际秩序为什么是不合理的,如此等等。这些文化隐喻为人类命运共同体的决定性出场奠定了基础,"通过隐喻的建构性功能,政治的'现实'将以某种特定方式(或快或慢地)被建构出来"①，未来国际秩序的变迁有理由被看作是这些隐喻的再描述过程，即隐喻的现实化过程。

中国外交的新方向

中国共产党的十九大报告指出：习近平新时代中国特色社会主义思想，"明确中国特色大国外交要推动构建新型国际关系，推动构建人类命运共同体"②。这一重要论断，宣示了新时代中国特色大国外交的总方略，锚定了中国特色大国外交历史方位的基准坐标和前进方向。

构建人类命运共同体，旨在建设持久和平、普遍安全、共同繁荣、开放包容、清洁美丽的世界，摒弃冷战思维、零和博弈、文明冲突的旧式理念，避免重蹈大国制衡、集团对立的历史覆辙。构建人类命运共同体，这是新时代中国外交的最高理想和最终追求，是"新时代对外工作的总目标"③。

构建人类命运共同体，其基本路径是推动建设新型

---

① 尼萨·莎赫：《国际都市或者帝国——全球化的隐喻及对合法政治共同体的描述》，见斯蒂文·伯恩斯坦、威廉·科尔曼主编：《不确定的合法性——全球化时代的政治共同体、权力和权威》，社会科学文献出版社，2011年，第77页。
② 《十九大以来重要文献选编》上，中央文献出版社，2019年，第14页。
③ 杨洁篪：《以习近平外交思想为指导 深入推进新时代对外工作》，《求是》，2018年第15期。

国际关系。构建新型国际关系，要秉持相互尊重、公平正义、合作共赢原则，走出一条对话而不对抗、结伴而不结盟的国与国交往新路；要坚持国家不分大小、强弱、贫富一律平等，尊重各国人民自主选择发展道路的权利，反对干涉别国内政，维护国际公平正义。世界长期发展不可能建立在一批国家越来越富裕而另一批国家却长期贫穷落后的基础之上。每个国家在谋求自身发展的同时，要积极促进其他各国共同发展。各国要同心协力，妥善应对各种问题和挑战，共同变压力为动力、化危机为生机，谋求合作安全、集体安全、共同安全，以合作取代对抗，以共赢取代独占。

构建人类命运共同体，共建"一带一路"是其重要的实践平台。"一带一路"建设跨越不同地域、不同发展阶段、不同文明，是各方共同打造的全球公共产品。"一带一路"倡议秉持和遵循共商共建共享原则，努力实现政策沟通、设施联通、贸易畅通、资金融通、民心相通，是发展的倡议、合作的倡议、开放的倡议。这一倡议要实现的最高目标就是在"一带一路"建设国际合作框架内，各方携手应对世界经济面临的挑战，开创发展新机遇，谋求发展新动力，拓展发展新空间，实现优势互补、互利共赢，不断朝着人类命运共同体方向迈进。

构建人类命运共同体，必须推动全球治理体系朝着更加公正合理的方向发展。全球治理格局取决于国际力量对比，全球治理体系变革源于国际力量对比变化。当今世界，新兴市场国家和一大批发展中国家快速发展，国际影响力不断增强，是近代以来国际力量对比中最具革命性的变化。随着国际力量对比消长变化和全球性挑战日益增多，加强全球治理、推动全球治理体系变革是大势所趋。推动全球治理体系朝着更加公正合理的方向发展，符合世界各国的普遍需求。

构建人类命运共同体，中国将继续发挥负责任大国作用，积极参与引领全球治理体系改革和建设，积极推动构建新型国际关系。世界好，中国才能好；中国好，世界才更好。面向未来，中国将一如既往为世界和平安宁做贡献，一如既往为世界共同发展做贡献，一如既往为世界文明交流互鉴做贡献，同世界各国人民一道，推动构建人类命运共同体，携手建设更加美好的世界，努力为完善全球治理贡献中国智慧、中国力量。

人类文明的新形态

进入 21 世纪，以单一文明为底色的人类文明正面临危机，重建人类文明是国际社会的共同事业。西方在主导了几个世纪的人类文明之后，在21世纪也遭遇了滑铁卢，美西方"在全球范围内推广西方文化的努力与其推广能力的下降这两者之间的不协调"[1]，是无法回避的事实。今天，单一的西方文明不可能继续作为"认同、意义、稳定、合法性和希望的本源"；单一的中华文明、伊斯兰文明或别的什么文明，也不可能是新型全球化时代的"解决办法"。人类需要共同努力，遵循"美美与共"的原则，秉持"各美其美"的自信，怀抱"美人之美"的胸襟，贡献普遍认可的文化信息，达成普遍交往的国际新共识，重构与世界大变局、全球主义大方向相匹配的人类新文明。

重构人类新文明，必须从实际出发，坚持问题导向，直面当今世界共同难题。"这是最好的时代，这是最坏的时代。"狄更斯19世纪对世界的描述似乎仍然适应于当代。相比较于过去，今天的世界大踏步前进了，但世界面临的不确定性在上升，全球进入风险时代。"世界怎么了，我们怎么办？"这是习近平总书记发出的"世界之问"。当今世界面临的问题林林总总，概括起来无外乎发展赤字、治理赤字、信任赤字、和平赤字、文明赤字、制度赤字。世界赤字是表象，赤字的背后是文明理念，赤字

---

[1] 塞缪尔·亨廷顿：《文明的冲突与世界秩序的重建》，周琪等译，新华出版社，2002年，第199页。

的本原在哲学。非正义的世界根源于非正义的文明。世界赤字的产生、扩大，在一定程度上都与西方主导建构的人类文明密切相关。因此，消解世界赤字，有必要从文明的角度、哲学的高度来筹划，建构符合未来发展趋势、凝聚全球共识的人类新文明。

世界这么大，问题这么多，在不确定的世界中寻找确定性，中国贡献的人类文明方案是：构建人类命运共同体。人类命运共同体是元哲学层面的人类文明新理念，是一种可能的新文明类型，是指引未来道路的最高概念，是为中国所把握的世界精神。人类命运共同体蕴涵着这样一个观念：我们是一个共命运的人类大家庭，我们不仅认同本土共同体，也认同全球共同体；"我们既是自己所属国家的控股人，也是那个将地方、国家、地区和全球紧密连接起来的整体世界的股票持有人。"[1] 构建人类命运共同体，从价值上来说，就是培育"共同的公善"观念，全人类致力于实现"公善"而联合为一体；从行动上来说，就是以此为牵引，走向理想的正义世界。

总之，人类命运共同体作为对现存共同体秩序的反动，它向全球提供了一种崭新的思维方式和治理理念，为

---

[1] 杜维明：《全球化与多样性》，见哈佛燕京学社主编：《全球化与文明对话》，江苏教育出版社，2004年，第88页。

推动全球治理体系和治理能力的现代化开辟了新的愿景。倡导人类命运共同体意识是中国对国际关系理论的重要贡献，是中国对国际秩序观和全球治理观的创新与发展，是中国为筹划人类命运和世界发展蓝图而推动的顶层设计，也是中国为解决人类共同难题而给出的"中国方案"。一句话，唯有通过人类命运共同体，才能在全球范围内真正解决人类命运问题。

第三章

如何推动构建人类命运共同体？

人类命运共同体的构建是一项宏大的系统性的世纪工程，非一朝一夕之功，不可能一蹴而就。关键的问题是，如何把人类命运共同体的理念一步一步转化为世界现实，这就需要找到推动构建人类命运共同体的基本路径。从全球纬度看，以国际组织为牵引，以国家间合作为主线，以政党国际交流为助力，以社会组织跨国合作为基础，是推动构建人类命运共同体的四条基本路径。从建设人类卫生健康共同体到构建人与自然共同体、从双边区域共同体到全人类的命运共同体、从国家治理走向全球治理、从物质世界的命运共同体扩展到数字世界的命运共同体，是中国推动构建人类命运共同体的主要步骤。

人类命运共同体是习近平总书记为人类世界擘画的理想发展图景，旨在超越国家间的利益矛盾和观念冲突，寻求普遍的共同利益，并在此基础上最大限度地达成价值共识，从而实现人类的永续生存和可持续发展。可见，人类命运共同体的构建是一项宏大的系统性的世纪工程，非一朝一夕之功，不可能一蹴而就。关键问题是，如何把人类命运共同体的理念一步一步转化为世界现实，这就需要找到推动构建人类命运共同体的基本路径以及具体的实现步骤。从全球纬度看，以国际组织为牵引，以国家间合作为主线，以政党国际交流为助力，以社会组织跨国合作为基础，是推动构建人类命运共同体的四条基本路径。从建设人类卫生健康共同体到构建人与自然共同体、从双边区域共同体到全人类的命运共同体、从国家治理走向全球治理、从物质世界的命运共同体扩展到数字世界的命运共同体，是推动构建人类命运共同体的主要步骤。

推动构建人类命运共同体的基本路径

推动构建人类命运共同体是人类社会的共同事业，需要国际社会共同努力、携手前行。从全球维度看，我们需要以国际组织为牵引，以国家间合作为主线，以政党国际交流为助力，以社会组织跨国合作为基础，搭建起推动构

第三章 如何推动构建人类命运共同体？

建人类命运共同体的四条基本路径。

以国际组织为牵引

国际组织是伴随着19世纪以来的全球化浪潮而出现的。一般认为，国际组织是跨越国界并提供制度框架的正式机构，其目的在于加强成员之间在安全、经济、社会和相关领域的合作。国际组织的出现打破了传统国际政治以国家间政治为全部内容的单一局面，当今国际关系的一个重要特征就在于国际组织的迅速扩张，特别是在经济全球化与全球治理进程中，全球性和区域性的一体化组织得到蓬勃发展。它们在全球或地区性的众多领域中发挥着越来越重要的作用，世界上重大问题的解决几乎都离不开相关国际组织的作用。比如，在全球抗击新冠肺炎疫情中，一些国际组织充分发挥了它们在资源整合、舆论引导、政治动员方面所具有的优势。G20作为由主要发达国家和新兴经济体组成的国际合作论坛，采用非正式对话形式，通过宏观政策的调整和协调，推动国际社会共同应对全球疫情。世界卫生组织在应对全球公共卫生危机特别是携手抗击新冠疫情方面更是发挥着不可替代的作用。

中国充分认识到国际组织在塑造全球共识、推进全球治理中的积极作用，坚定维护以联合国宪章宗旨和原则为核心的国际秩序，积极支持联合国及 G20 等重大国际组织在全球事务中发挥更加重要的作用。比如，为有效应对新冠疫情全球扩散，中国第一时间接受世卫组织专家组来华开展工作，调研疫情防控情况；第一时间向世卫组织分享了病毒基因序列信息，及时向有关国家和地区通报疫情；第一时间向世卫组织捐款捐物，支持世卫组织向受疫情冲击国家特别是发展中国家提供援助。2020 年 3 月 26 日，习近平总书记在 G20 应对新冠肺炎特别峰会提出，打好新冠肺炎疫情防控全球阻击战必须有效开展国际联防联控，中国将积极支持国际组织发挥作用。[1]

中国还认识到，当前国际秩序还存在事实上的不公平、不公正，新兴经济体和发展中国家的代表权和发言权没有得到应有的尊重，国际政治领域仍然存在单边主义和强权政治，因此世界各国还需要携手推动国际秩序更加公平公正的发展，其中重要方面就是要推动国际组织和国际机制进行必要的改革并提升效率。中国采取的路径有二：一方面，既着眼改革国际机制的"存量"，即不断推动诸如世界银行、国际货币基金组织（IMF）、世界贸易组织（WTO）等重大国际机制的改革和完善，推动 G20 更加

---

[1] 申林：《全球抗击新冠肺炎疫情凸显人类命运共同体理念》，《党政论坛》，2020 年第 7 期，第 41 页。

有效应对重大全球性发展和治理问题；另一方面，也着眼提供"增量"，不断打造和完善诸如金砖组织、亚投行等多边合作机制，不断塑造和提升诸如上海合作组织、中非合作论坛、中阿合作论坛、中拉合作论坛，中国与中东欧"17+1合作"，以及多种形式的中国与东盟国家合作机制等集体磋商与合作机制。

以国家间合作为主线

自威斯特伐利亚体系以来，民族国家（主权国家）就一直是国际社会中最重要的政治、经济单元。迄今，民族国家一直是全球化进程的最重要参与方，是全球治理最重要的实践主体。推动构建人类命运共同体，自然也需要以国家的意愿和能力为依托，以国家间合作为主线。

首先，各个国家需要把国内治理做好，这是推动构建人类命运共同体的基础和前提。正如习近平总书记所说，"要把自己的事情做好，而这本身就是对构建'人类命运共同体'的贡献。"[1] 当前世界还面临和平赤字、发展赤字、治理赤字、信任赤字，特别是南北差距不断扩大，数字鸿沟不断显现。广大发展中国家长期以来在世界现代化进程

---

[1] 习近平：《携手建设更加美好的世界——在中国共产党与世界政党高层对话会上的主旨讲话》，《人民日报》，2017年12月2日。

中处于边缘位置，只有各国都不断加快现代化进程，把传统的垂直和依附型的国际体系转变为更为均衡的网格化的国际体系，人类命运共同体才有可能实现。中国是人类命运共同体理念的提出者，也是推动构建人类命运共同体的践行者，应在不断推进国家改革、发展和建设的同时，不断推动发展中国家的和平、发展与复兴进程，携手发展中国家解决它们面临的紧迫的发展和治理难题，在诸多全球性问题上积极贡献中国方案，为人类命运共同体建设贡献更大中国力量。

其次，各国需要真诚携手合作，共同推动世界的和平与发展进程，稳步推进全球治理进程，携手推进人类命运共同体建设。政治上，各国需要树立建设伙伴关系的新思路，坚决摒弃冷战思维和强权政治，通过相互尊重、平等协商的方式，走对话而不对抗、结伴而不结盟的国与国交往的新路。安全上，要坚持以对话解决争端、以协商化解分歧，统筹应对传统和非传统安全威胁，反对一切形式的恐怖主义，营造各国共享安全的新局面。经济上，要同舟共济，促进贸易和投资自由化便利化，推动经济全球化朝着更加开放、包容、普惠、平衡、共赢的方向发展，不断开创共同发展的新前景。文化上，要尊重世界文明多样性，以文明交流超越文明隔阂、文明互鉴超越文明冲突、文明共存超越文明优越，要形成不同文明包容互鉴的新气象。生态上，要坚持环境友好，合作应对气候变化，倡导绿色低碳循环可持续发展的新理念，保护好人类赖以生存的地球家园。

以政党国际交流为助力

政党在国家政治生活中发挥着重要作用，也是推动人类文明进步的重要力量。人类社会进入近代以后，政党政治便逐渐成为近代政治体系的主流。目前，在全世界200多个国家和地区中，除了20多个君主制或政教合一的国家未建立政党制度，绝大多数国家和地区都存在政党。政党的形成和发展已经成为现代国家发展的一个重要条件，以政党为主角的现代政治已经成为世界各国普遍的政治形式。可以说，各国政党政治的运行机制、政党的纲领主张、政党的作为程度、政党之间的相互关系，不仅决定着一个国家的政治生活、经济发展、人民生活，而且深刻影响着世界的格局。因此，现代政党的功能作用、政党的盛衰成败和政党政治的运行机制，日益引起人们的关注。

当前，世界正处于大发展大变革大调整时期，世界多极化、经济全球化、社会信息化、文化多样化深入发展，全球治理体系和国际秩序变革加速推进，世界面临的不稳定不确定性突出，地区热点问题此起彼伏，恐怖主义、网络安全、重大传染性疾病、气候变化等非传统安全威胁持续蔓延。共同探讨人类社会未来发展的方向和现实问题的应对之道，推动构建人类命运共同体，携手建设更加美好的世界。政党在其中可以发挥不可替代的作用，同时也是政党不可推卸的时代责任。

中国共产党历来重视与其他国家政党的党际交流和政党外交，习近平总书记指出，"党的对外交往工作是党的一条重要战线，是国家总体外交的一个重要组成部分"[1]，中国共产党已同世界上160多个国家的400多个政治组织保持着经常性的联系。它们当中既有执政党、参政党，也有重要的在野党和与中国没有外交关系的国家的政党；既有共产党和工人党，也有社会党、工党和保守党；既有欧、日等发达国家政党，也有亚、非、拉广大发展中国家的政党。中国共产党与社会党国际、基民党国际等政党国际组织也都有联系。通过不同形式、不同层次、不同渠道的友好交往，中国共产党可以与各种不同类型的政党就共同关心的各种问题坦诚深入地交换意见。2017年11月

---

[1] 中共中央对外联络部：《深入学习习近平总书记党的对外工作重要思想 努力开创党的对外工作新局面——十八大以来党的对外工作的成就与实践》，《求是》，2017年第20期。

30日至12月3日，中国共产党与世界政党高层对话会在北京举行，来自全球120多个国家近300个政党和政治组织的600多名代表齐聚北京，围绕着"构建人类命运共同体、共同建设美好世界：政党的责任"这一主题，进行了友好且富有建设性意义的对话与磋商，达成了诸多全球共识。

中国共产党与世界各国政党高层对话会具有显著的开创性意义，它把党际交往由双边和区域层面拓展到了真正意义上的全球层面，而且实现了具有不同政治主张和意识形态的政党间的平等包容和互学互鉴。会议的成功举办表明，政党之间的交流可能比国家之间交往更有独特优势。国家之间的互动往往有主权、利益考量，过往的国际关系史，包含太多基于主权和利益的血与火的冲突。今天的国家间关系尽管有冲突，也有合作，但国家对外政策的制定必须首先考虑国内因素。而不同类型政党之间的交往可能也有冲突，但这些冲突很多体现在意识形态和价值观上，政党交往的优势在于可以超越具体国家的利益分歧，寻求政党之间观念上的理解。中国共产党不断拓展对外交流与合作，表明不同国家的政党可以增进互信、加强沟通、密切协作，探索在新型国际关系的基础上建立求同存异、相互尊重、互学互鉴的新型政党关系，搭建多种形式、多种层次的国际政党交流合作网络，进而汇聚起构建人类命运共同体的强大力量。

以社会组织跨国合作为基础

社会组织广泛存在于社会活动之中，是介于政府和民间的一种力量组织形式。作为多元共治的重要主体，群众自治性组织和专业性组织，诸如法律组织、经济组织、环保组织、文化组织、体育组织、扶贫组织，既是各国民众参与公共事务、推动经济社会发展的重要力量，也是各国民众参与国际事务的重要载体。构建人类命运共同体需要凝聚人类社会的共识，需要各国人民同心协力、共同参与，社会组织可以在其中发挥不可替代的作用。

当前时代，全球治理不仅要充分发挥国家和国际组织的积极作用，还需要充分调动各国民间力量积极参与全球事务，为世界和平与发展贡献更大力量。特别是在全球公共卫生领域，国际社会的各种民间团体、NGO、个人，都积极参与到了这一事业当中。其中最为杰出的代表，当属美国的比尔·盖茨和他的盖茨基金会，以及中国的马云和他发起的阿里巴巴公益基金会、马云基金会，都积极致力于在全球推广卫生、健康和教育项目。我们看到，民间有热情、有力量参与全球公共卫生事业。那么，今后要做的，是需要鼓励更多的人参与到全球公共卫生治理当中来，充分发挥民间社群在提供人道主义援助、提供知识和技术等领域中所显现出的作用，这将有利于促进国际公共卫生治理的进步。

长期以来，中国高度重视推动社会组织走出去，支持它们开展对外交往活动。随着合作领域的不断拓展和外交任务的多元化，中国外交形成了中共中央领导下的，以外交部为主，各领域、各层级、各部门共同参与，政党、人大、政协、妇女、青年、智库、学者密切配合的新局面，正在打造政府外交与政党外交、公共外交与民间外交、国家外交和地方外事相互携手的"大外交"新体系。无论是上合组织和金砖组织，还是中非合作论坛和中拉合作论坛，都设立了多种形式的媒体、智库、学者、NGO、青年、妇女的对话机制和平台。比如，在中非合作论坛框架下，中非双方已经搭建了中非民间论坛、中非青年领导人论坛、中非媒体合作论坛、中非智库论坛、对非投资论坛，等等。民间组织跨国交流的深入推进，成为推动全球治理的重要力量，为构建人类命运共同体创造良好的民意基础和社会条件。

推动构建人类命运共同体的主要步骤

共商共建共享人类命运共同体，是一个宏大的外交工程。我们不仅要探索构建人类命运共同体的基本路径，还要深入研究和谋划把这一国际关系新思想新理念转化为实践的实现步骤。为此，就要根据构建人类命运共同体的现实可能性和难易程度，探讨人类命运共同体内在的层次结构。

从人类卫生健康共同体到人与自然共同体

21世纪以来，世界上相继发生了非典、埃博拉病毒、寨卡病毒、H1N1流感、新冠肺炎等疫情。特别是此次新冠肺炎，是人类历史上罕见的一次全球性的公共安全事件，是一次真正意义上的全球治理危机。当今世界，全球公共卫生安全治理面临的主要矛盾，是全球性公共卫生安全威胁日益突出与治理体系严重滞后的矛盾，而治理体系不强、治理能力不足则是矛盾的主要方面。面对严峻的全球性挑战，各国只有真诚携手合作，才是唯一正确的选择和出路。习近平总书记指出："疫情给我们带来一系列深刻启示。各国命运紧密相连，人类是同舟共济的命运共同

第三章　如何推动构建人类命运共同体？

体。"①疫情没有国界，国际社会只有团结合作，共同应对疫情，才能早日战胜疫情，共同维护全球公共卫生安全。

在 2020 年 3 月 21 日致法国总统马克龙的慰问电中，习近平总书记首次提出构建人类卫生健康共同体的倡议："中方愿同法方共同推进疫情防控国际合作，支持联合国及世界卫生组织在完善全球公共卫生治理中发挥核心作用，打造人类卫生健康共同体。"② 2020 年 5 月 18 日，在首届世卫组织视频大会的致辞中，习近平总书记再次提出要"共同构建人类卫生健康共同体，共同佑护各国人民生命和健康，共同佑护人类共同的地球家园"③。2020 年 6 月 7 日，中国发表了《抗击新冠肺炎疫情的中国行动》白皮书，呼吁建立健全全球公共卫生安全长效融资机制、监测预警与联合响应机制、资源储备和资源配置体系等合作机制，建设惠及全人类、高效可持续的全球公共卫生体系，构建人类卫生健康共同体。④

---

① 《习近平向"一带一路"国际合作高级别视频会议发表书面致辞》，《人民日报》，2020 年 6 月 19 日。
② 《就法国发生新冠肺炎疫情　习近平向法国总统马克龙致慰问电》，《人民日报》，2020 年 3 月 22 日。
③ 习近平：《团结合作战胜疫情　共同构建人类卫生健康共同体——在第 73 届世界卫生大会视频会议开幕式上的致辞》，《人民日报》，2020 年 5 月 19 日。
④ 中华人民共和国国务院新闻办公室：《抗击新冠肺炎疫情的中国行动》，2020 年 6 月。

中国一直是全球公共卫生领域国际合作的推动者和实践者。新冠肺炎疫情发生后，中国积极行动，全力应对，采取了一系列强有力的举措。中国科学家在第一时间识别出病原体，并与世界卫生组织和其他国家分享病毒基因序列。同时，中国政府高度重视疫情信息公开工作，及时向其他国家通报疫情，分享经验。中国严格的防控举措不仅保护了本国人民的身体健康和生命安全，更为保护全世界人民免受疫情扩散影响作出了巨大贡献。[1] 世界卫生组织总干事谭德塞说，"如果不是因为中国政府的努力，在中国境外将会有更多病例甚至死亡。中国的努力值得尊重和赞赏，值得学习和致敬。"

生命安全和身体健康是人类最基本的需要和追求，共建人类卫生健康共同体是对维护人类公共卫生和整体健康福祉的生动诠释。建立人类卫生健康共同体，保护人类生命安全和身体健康，最根本的是要实现人与自然的和谐相处，对大自然保持敬畏，因为人与自然的失衡是导致卫生健康危机的根源。自人类社会迈入工业时代以来，生产力得到极大提高的同时，环境污染问题开始逐步显现，在技术和资本的操纵下，人类与自然的关系异常紧张。自地球

---

[1] 丁金光、王梦梦：《加强国际防疫合作　维护全球公共卫生安全》，《中国社会科学报》，2020年7月28日。

诞生以来，病毒已经存在数十亿年，是地球进化演变的见证者和陪伴者。病毒在自然环境中的种类繁多，并与蝙蝠等宿主间形成了互为依托的平衡关系。恰恰是人类的有害行为，不断地打开病毒的"潘多拉魔盒"，让人类深受其害，如鼠疫病毒、天花病毒、登革热病毒、埃博拉病毒等。新冠肺炎疫情暴发再一次警示，无论人类这个"万物的灵长"如何进化，人类都不可能超脱自然而独立存在，在任何情况下人都不能凌驾于自然之上。

人类应学会遵循自然规律，与大自然和谐相处，建设人与自然共同体。恩格斯指出："我们对自然界的整个支配作用，就在于我们比其他一切生物强，能够认识和正确运用自然规律。"党的十九大报告强调，坚持人与自然和谐共生，人与自然是生命共同体，人类必须尊重自然、顺应自然、保护自然。人类只有遵循自然规律才能有效防止在开发利用自然上走弯路，人类对大自然的伤害最终会伤及人类自身，这是无法抗拒的规律。[①] 习近平总书记多次指出，"山水林田湖草是一个生命共同体。""人的命脉在田，田的命脉在水，水的命脉在山，山的命脉在土，土的命脉

[①] 习近平：《决胜全面建成小康社会 夺取新时代中国特色社会主义伟大胜利——在中国共产党第十九次全国代表大会上的报告》，《习近平谈治国理政》第3卷，外文出版社，第39页。

在林和草。"①

人与自然共同体理念是对曾长期占主导地位的人类中心论的超越。人类中心论将人类作为世界的中心与主宰，只承认自然的工具价值，否认自然的内在价值，因而人类对于自然界只有权利而没有责任和义务。人类历史发展已经说明，人类文明的兴衰在很大程度上取决于人与自然的相处之道。由此，习近平总书记把"清洁美丽的世界"作为人类命运共同体核心内涵的重要方面，明确提出倡导绿色低碳循环可持续发展的新理念，呼吁各国要坚持环境友好，合作应对气候变化，保护好人类赖以生存的地球家园。

从双边区域共同体到全人类的命运共同体

人类命运共同体的构建是一个循序渐进的过程。各国国情不同，文化背景有别，从建立双边伙伴关系入手，逐步形成覆盖全球的伙伴关系网络。从倡导建立双边命运共同体、区域合作上下功夫，逐步拓展到全球层面的命运共同体建设，人类命运共同体的建成终将水到渠成，这是一个自然的逻辑过程。

---

① 习近平：《加强生态文明建设必须坚持的原则》，《习近平谈治国理政》第3卷，外文出版社，2020年，第363页。

第三章　如何推动构建人类命运共同体？

国与国之间的关系是当今国际关系的基石，也是最为复杂与微妙的，从这样的复杂性出发，习近平总书记将国与国之间的交往、发展置于一个整体之中，从而倡导建立命运共同体新型关系。如 2015 年在巴基斯坦访问期间，习近平总书记提出要从中巴两国政府和人民利益出发构建中巴命运共同体，不断充实中巴命运共同体的内涵，为打造亚洲命运共同体发挥示范作用。在此过程中形成了"中俄命运共同体""中哈利益和命运共同体""中巴命运共同体""中老命运共同体"等国家共同体。

在双边命运共同体之上，中国还积极打造与其他区域、洲际的区域命运共同体，这是对双边命运共同体的拓展与提升。在周边关系方面，2013 年 10 月习近平总书记在印度尼西亚国会演讲时就提出，建立"一个更加紧密的中国—东盟命运共同体"；而 2014 年在和平共处五项原则发表 60 周年纪念大会上，习近平总书记强调了推动中国—东盟命运共同体的合作。在亚洲关系上，2014 年 5 月，习近平总书记在亚洲相互协作与信任措施会议第四次峰会上就强调增强亚洲命运共同体意识。在中国同洲际关系上，习近平总书记不但强调中国融入亚洲命运共同体，而且强调中国同其他大洲建立命运共同体关系，尤其是同非洲和拉丁美洲这些发展中大洲的关系。在同非洲关系上，

2013年3月，习近平总书记在坦桑尼亚访问时明确指出，中非从来都是命运共同体；2015年，在中非合作论坛约翰内斯堡峰会上，习近平总书记又强调，中国同非洲国家心连心、共命运。在同拉丁美洲关系上，2015年，在中国—拉共体论坛首届部长级会议开幕式上，习近平总书记从中拉共同利益的角度认为，中拉双方对构建中拉命运共同体愿望更加强烈。

中国还注重推动重大国际组织树立命运共同体意识。习近平总书记多次指出，要坚持亚太大家庭精神和命运共同体意识，多次呼吁二十国集团成员要树立利益共同体和命运共同体意识。人类命运共同体也多次写入联合国决议，其世界价值与意义得到了更广泛的传播。人类命运共同体处在习近平总书记外交思想的最高层次，代表了习近平总书记对人类总体利益和未来的深切关注。党的十八大以来，从纽约到伦敦、从非洲到拉美，从传统的政治、经济到非传统的国际安全，习近平总书记在重要的国际舞台上多次呼吁树立人类命运共同体意识，倡导构建人类命运共同体。由双边命运共同体逐步走向区域命运共同体，以及一系列重大国际组织积极倡导人类命运共同体精神，人类命运共同体已经初见雏形。

从国家治理到全球治理

国家治理在一般意义上是指一国之内的治理，即国内治理。国内治理涉及国家内部政治、经济、社会、文化、军事等诸多领域，是一种全方位的、综合性的治理。全球治理则是超越于国家边界范畴的，是相关国家及其他行为体对区域性或全球性问题进行的共同治理。全球治理是一种多元行为体共商共建共享的治理，是国家与非国家行为体相互克服国家中心和社会中心的合作治理。

虽然国家治理与全球治理范畴不同，但二者又有着紧密的相互关联。

第一，国家是全球治理的最重要参与方，国家治理的现代化水平及治理能力高低直接决定着该国对全球治理的参与程度，以及该国在全球治理规则制定中话语权的实现程度。因此，在国家参与全球治理的进程中，提升国家治理能力至关重要。为此，中国一方面要不断推进自身经济社会发展，不断提升现代国家治理体系和治理能力，同时也要积极推动广大发展中国家的和平与发展，不断提升广大发展中国家在全球治理体系中的话语权和影响力，如此才能携手发展中国家更好地推动国际秩序朝着更加公正合理的方向发展。

第二，国家治理和全球治理在领域和议题上存在相通性，国家治理的能力和经验是全球治理有效开展的必要基础和前提。比如，一个国家开展国内减贫、发展和环境治理的经验可以与世界其他国家分享，进而推动世界的减贫、发展和环境治理。过去70年特别是40年来，中国在实现经济发展和维护社会稳定方面积累了大量的有益经验，作为一个负责任的大国，也有责任和义务向世界传播中国的治理经验，贡献中国的治理能力。同时，世界也期待倾听来自中国的声音，期待了解中国的成功故事。因此，要有计划地全面深入参与全球治理，把中国成功的治理经验转化成全球治理能力，把中国的"五位一体"建设成就扩展到全球，助力构建人类命运共同体。正如习近平总书记所指出的那样，中国正在统筹推进经济、政治、文化、社会、生态文明建设"五位一体"总体布局，这五方面也是构建人类命运共同体的主要内容。

第三，国家间合作是全球治理最重要的实现方式，各国间的合作程度和合作方式都将直接决定全球治理的水平与治理绩效，特别是世界主要大国的全球合作意愿和能力直接关乎全球治理的发展程度。长期以来，世界主要大国一直是全球治理的中坚，在推动塑造全球共识、提供发展援助、推动全球合作方面发挥了引领作用。仅以全球公共卫生合作为例，世界大国特别是西方主要发达国家的经济发展程度相对更高，卫生医疗水平相对更好，在防治重大疾病等方面也积累了相对更多的经验，所以它们更有能力、更有条件加大全球投入，在推进全球公共卫生治理进程中发挥更大作用。

然而，面对新冠疫情的全球扩散，个别西方大国疏于防患，不仅其国内疫情防控表现不佳，且在全球抗疫合作中消极应对，给全球公共卫生合作带来了严重的负面影响。国际社会迫切期待个别西方大国能够抛弃政治偏见和利己主义，携手推进全球抗疫合作，在全球公共卫生治理中承担起应有的大国责任。此次全球抗疫的一个新现象，是以中国为代表的一些新兴大国不仅成功实现了国内疫情防控，还积极支持世卫组织发挥更大作用，力所能及地向受到疫情冲击的国家特别是发展中国家提供了大量支持，彰显了新兴大国在全球治理进程中不断增长的作用和影响。

从物质世界的命运共同体到数字世界的命运共同体

人类社会的共商共建共享，不仅只是物质世界，也广泛拓展到数字世界和虚拟世界。当下正在进行的以人工智能为代表的第四次科技革命正以前所未有的速度把人类社会带入数字世界，社会已经高度信息化。社会信息化，一般认为是指社会在日新月异的信息技术推动下,信息资源广泛应用到社会的诸多领域、行业、机构以及家庭,从而使信息在社会发展中起重要作用的社会化过程。特别是在全球疫情的特殊形势下,信息化社会得以全方位直观凸显,以5G、互联网为基础,应用大数据、云计算、人工智能等信息技术,成为抗击疫情、恢复社会正常秩序的有效手段,信息技术改变了人类社会,推进人类社会在云端发展。云办公促进全面复工复产、云研讨实现云端集贤汇智、云签约推动实体经济发展、云教育改变传统教育模式。在数字世界构建命运共同体已经成为人类命运共同体不可或缺的重要组成部分。

同时也要看到,数字经济的高速发展背后存在着巨大隐忧,也就是网络安全和网络全球治理的问题。网络安全问题是互联网迅猛发展给人类社会带来的直接挑战,已经成为各国面临的最紧迫的非传统安全威胁之一。网络安全问题多种多样,包括网络恐怖主义、个人隐私侵犯、网络攻击、网络监听等诸多方面。由于互联网的影响难以受到传统的地理边界的限制,互联网带来的挑战和威胁通常不是地域性的,而是全球性的。另外,由于线上线下的持续交融,网络安全直接关系到各国的经济、政治、社会、文化以及国家安全。正如《互联网治理全球博弈》一书作者劳拉·德拉迪斯所言,"一个国家保卫网络空间疆域的能力决定了其掌控国际贸易、行使政府基本职能的能力。"①2018年,在国际层面,Facebook爆出史上最大数据泄露丑闻、美国光纤断裂导致大规模网络瘫痪、"VPNFilter"恶意软件的攻击影响了全球超过50万台路由器;在国内层面,"黑客"入侵快递公司盗取上亿条客户信息、华住酒店上亿条开房记录大规模泄露等,对全球网络安全带来了极大的负面影响。全球互联网在迅猛发展的同时,还持续表现出不平衡的特征,特别是"南北"之间的不平衡。伴随着互联网发展而来的诸多非传统安全威胁,以及全球互联网发展的不平衡性,都对网络全球治理提出了挑战。而各国基于不同的技术产业基础和利益考量,难以对互联网治理达成共识。

基于全球互联网治理面临的困境,在2015年第二届世界互联网大会上,习近平总书记深入阐述互联网发展治理的"四项原则"和"五点主张",呼吁国际社会加强沟通、扩大共识、深化合作,并首次提出共同构建"网络空

---

① 劳拉·德拉迪斯:《互联网治理全球博弈》,覃庆玲、陈慧慧等译,中国人民大学出版社,2017年,第99页。

间命运共同体"。① 这是中国在互联网领域提出的全球倡议，表达了中国对全球网络空间治理的主张和观点。2019年10月16日，第六届世界互联网大会组委会发布了《携手构建网络空间命运共同体》概念文件，全面阐释了"构建网络空间命运共同体"理念的时代背景、基本原则、实践路径和治理架构。正如与会的国际电信联盟副秘书长马尔科姆·约翰逊所说，"协同合作变得比以往更加重要，应携手共建网络空间命运共同体"。

习近平总书记提出构建网络空间命运共同体，倡导互联网发展治理"四项原则"和"五点主张"，阐明了推进全球网络空间发展治理的基本路径，体现了中国同世界各国共同应对网络空间风险挑战、实现共享共治的真诚愿望，同人类命运共同体理念一脉相承。网络空间命运共同体理念的基本原则和实践路径，既是人类命运共同体理念

---

① 四项原则是：尊重网络主权、维护和平安全、促进开放合作、构建良好秩序。五点主张是：第一，加快全球网络基础设施建设，促进互联互通，让更多发展中国家和人民共享互联网带来的发展机遇。第二，打造网上文化交流共享平台，促进交流互鉴，推动世界优秀文化交流互鉴，推动各国人民情感交流、心灵沟通。第三，推动网络经济创新发展，促进共同繁荣，促进世界范围内投资和贸易发展，推动全球数字经济发展。第四，保障网络安全，促进有序发展，推动制定各方普遍接受的网络空间国际规则，共同维护网络空间和平安全。第五，构建互联网治理体系，促进公平正义，应该坚持多边参与、多方参与，更加平衡地反映大多数国家意愿和利益。习近平：《在第二届世界互联网大会开幕式上的讲话》，《人民日报》，2015年12月17日。

在网络空间的落实和具体体现,也是构建人类命运共同体的重要组成部分。网络空间已经与现实空间紧密融合,构建数字世界命运共同体已经成为实现人类命运共同体的重要方面。

第四章

推动构建人类命运共同体的中国方略

中国是人类命运共同体思想的倡议者，也是推动构建人类命运共同体的践行者。中国的建设性作用主要体现在两个方面：一是"表率"，二是"实践"。首先，最重要的是做好自己的事情，加快形成国内大循环为主体、国内国际双循环相互促进的新发展格局，在此基础上为世界供给发展机遇和人类社会发展规律的中国探索这两类优质公共产品。其次，全面推进中国特色大国外交，积极发展全球伙伴关系，在全球治理上发挥负责任大国作用。中国参与全球治理的原则有二：一是不当头，量力而行，不能承担超过当前国力的责任；二是以塑造中国发展所需外部环境和推动建设更加美好世界为归宿，有选择地积极参与全球发展和治理进程。针对众多全球性问题，中国参与全球治理过程中，要着眼引领塑造全球治理的共识、规则和议程，同时注重量力而行、权责平衡和效益最大化。

中国是人类命运共同体思想的倡议者，也是推动构建人类命运共同体的践行者。中国的建设性作用，一是要积极发挥"表率"作用，通过自身经济社会的不断发展来彰显中国道路的世界意义，通过承担力所能及的全球责任来彰显中国的国际道义精神；二是积极开展外交"实践"，全面推进中国特色大国外交，积极发展全球伙伴关系，在全球治理上发挥负责任大国作用。推动构建人类命运共同体的中国方略，遵循了一种由内而外、由近而远的实践逻辑。

最重要的是做好自己的事情，加快形成新发展格局

当前中华民族伟大复兴稳步推进，世界处于百年未有之大变局，二者同步发展、相互激荡。中华民族复兴既是世界大变局的有机组成部分，也是其重要推动因素；世界大变局则为实现中华民族伟大复兴既提供了条件和机遇，也带来了潜在风险和挑战。习近平总书记指出："我国仍处于发展的重要战略机遇期，但面临的国际形势日趋错综复

第四章 推动构建人类命运共同体的中国方略

杂。我们要清醒认识国际国内各种不利因素的长期性、复杂性，妥善做好应对各种困难局面的准备。最重要的还是做好我们自己的事情。"①"我们要把自己的事情做好，这本身就是对构建人类命运共同体的贡献。"②

以新发展格局应对世界大变局

面对2020年以来在全球暴发的新冠肺炎疫情及其引起的国内外形势大变动，以习近平同志为核心的党中央紧紧把握中华民族伟大复兴的关键时期和世界面临的百年未有之大变局这两个大局，根据急剧变化了的实际，在2020年7月30日召开的中共中央政治局会议上，决定于2020年10月召开党的十九届五中全会，主要议程是为国家制定"十四五"经济社会发展规划和2035年远景目标提出中共中央的建议。会议明确指出：当前经济形势仍然复杂严峻，不稳定不确定性较大，我们遇到的很多问题是中长期的，必须从持久战的角度加以认识，加快形成以国内大循环为主体、国内国际双循环相互促进的新发展格局，建立疫情防控和经济社会发展工作中长期协调机制，坚持结

---

① 《贯彻新发展理念推动高质量发展 奋力开创中部地区崛起新局面》，《人民日报》，2019年5月22日。
② 习近平：《携手建设更加美好的世界——在中国共产党与世界政党高层对话会上的主旨讲话》，《人民日报》，2017年12月2日。

构调整的战略方向，更多依靠科技创新，完善宏观调控跨周期设计和调节，实现稳增长和防风险长期均衡。

在这之前，早在 2020 年 5 月 23 日，习近平总书记在看望全国政协经济界委员，并参加联组会，听取意见和建议时，就已经提出：面向未来，我们要把满足国内需求作为发展的出发点和落脚点，加快构建完整的内需体系，大力推进科技创新及其他各方面创新，加快推进数字经济、智能制造、生命健康、新材料等战略性新兴产业，形成更多新的增长点、增长极，着力打通生产、分配、流通、消费各个环节，逐步形成以国内大循环为主体、国内国际双循环相互促进的新发展格局，培育新形势下我国参与国际合作和竞争的新优势。在这以后，8 月 20 日，在扎实推进长三角一体化发展座谈会上，习近平总书记强调，在当前全球市场萎缩的外部环境下，我们必须集中力量办好自己的事，发挥国内超大规模市场优势，加快形成以国内大循环为主体、国内国际双循环相互促进的新发展格局。他还要求长三角区域要发挥人才富集、科技水平高、制造业发达、产业链供应链相对完备和市场潜力大等诸多优势，积极探索形成新发展格局的路径。在 8 月 24 日召开的经济社会领域专家座谈会上，在 9 月 1 日召开的中央全面深化改革委员会会议上，以及其他场合，习近平总书记反复强调并阐述了这一"新发展格局"。显然，这是以习近平同志为核心的党中央应对当前国内外复杂形势作出的一个重大战略抉择。

构建以国内大循环为主体的新发展格局，是针对国际范围出现的单边主义、保护主义等逆全球化思潮，以及新冠肺炎疫情造成的产业链受损等新情况，采取的重大决策。其实质，是要坚持供给侧结构性改革这个战略方向，扭住扩大内需这个战略基点，使生产、分配、流通、消费更多依托国内市场，提升供给体系对国内需求的适配性，形成需求牵引供给、供给创造需求的更高水平动态平衡。中国拥有包括4亿中等收入群体在内的14亿人口超大市场，拥有世界上门类最齐全的制造业，拥有世界上人数最多的工程师，特别是拥有艰苦奋斗的创新创业精神，只要在深化改革中打通影响国民经济循环的淤堵点，就能够形成顺畅的国内大循环。

构建国内国际双循环相互促进的新发展格局，将重塑中国国际合作和竞争新优势。我们强调要形成的以国内大循环为主体的新发展格局，绝不是一个封闭的国内循环，而是开放的国内国际双循环相互促进的发展格局。历史早已告诉我们，封闭必然导致落后，开放提升发展起点。中国经过40多年改革开放，已经在许多领域和世界各国形成"你中有我、我中有你"的利益共同体。特别是，在中国倡议下形成的"一带一路"，正在和已经把以往海洋经济的经济全球化推进到海洋经济和内陆经济联动、线上和线下结合、发展中国家和发达国家共同主导的新一轮经济全球化，逆全球化思潮逆转不了"一带一路"及其形成的新一轮经济全球化。

显而易见，加快形成以国内大循环为主体、国内国际双循环相互促进的新发展格局，是应对世界大变局的中国大方略，也是构建人类命运共同体的大决策，体现了新时代改革开放的新特点。

欢迎国际社会搭乘中国发展的快车便车

做好自己的事情是中国倡议获得国际社会认可的基础，同时还需要向国际社会提供优质的公共产品。这种公共产品，首先体现为欢迎国际社会搭乘中国发展的便车，共享中国发展的机会与红利。中国基于自身的优势和历史经验，供给国际社会最大的公共产品就是发展的机会。这既是由中国转向高质量发展阶段的特点所决定的，也是中国进一步对外开放的要求所决定的。

当前，中国战略机遇期表现出"内生性"和"共享性"两大新特征：一方面，中国自身的发展就是当前中国最大的机遇，中国发展机遇随着自身的发展壮大，逐步实现了从"外生性"机遇向"内生性"机遇的转变，战略机遇期的内生性日益明显。另一方面，中国与世界各国利益的共享性与共同性急剧增强，这也决定了中国发展战略机遇期同时也是其他国家的战略机遇期，反之亦然。战略机遇期的专属性在弱化，共享性增强了。正是基于发展阶段和发展环境的变化，2014年8月22日，习近平总书记在访问蒙古国时首次提出："欢迎大家搭乘中国发展的列车，搭快车也好，搭便车也好，我们都欢迎。"[1] 从逻辑上讲，构建人类命运共同体是有顺序的，大致而言将沿着利益共同体、责任共同体、安全共同体最终到命运共同体的发展路径前进。提供发展的机会这个公共产品，本质上也是做大共同利益，夯实利益共同体的必要基础和前提条件。

探索人类社会发展规律，塑造国际社会所接受的共同价值

除了与国际社会分享中国发展机遇之外，中国向国际社会供给的第二个优质公共产品，就是与国际社会分享中国在探索中形成的反映社会发展规律的人类共同价值。回

---

[1]《习近平在蒙古发表演讲：欢迎搭乘中国发展的列车》，新华网，2014年8月22日。

顾国与国之间交往的历史，经久的国际关系除了坚实的利益基础，还需要塑造共享的价值观念。因为国家的逐利本性，很容易出现"有利则来、无利则散，利大则忠、利小则叛"的局面，只有拥有了共享价值，国家间关系才能具有更为坚实的弹性空间。就此而言，共同探索并分享中国在探索社会发展规律进程中形成的共同价值尤为关键，这是一种更为宽泛的同时也是更易于为国际社会所接受和认可的共享价值理念。事实证明，与社会主义优越性和中国道路的可行性不是争论出来的而是实干出来的一样，人类社会发展规律的探索遵循同样的逻辑。正如社会主义因为其包容性而汇聚了人类社会发展的一切优秀成果，探索人类社会发展规律同样需要秉承这一心态。

近代以来，西方国家的发展经验固然提供了一条通往国家现代化的路径，255年的西方工业文明确实让西方社会近10亿人过上了现代化的美好生活。但其作为一种不均衡文明形态的弊端日益显现，消耗大量资源，严重污染环境，更多地关注物质财富而导致精神贫瘠，体现了"人类形成对待自身事物不切实际的思维方式"[1]。因此，汲取已有文明的一切先进成果，抛弃其糟粕，进而构建一种可

---

[1] ［美］许烺光：《美国人与中国人：两种生活方式比较》，彭凯平、刘文静等译，华夏出版社，1989年，自序第10页。

以惠及更多人群、实现人与自然持久和谐共生的文明形态，也是包括中国在内的任何国际社会成员的时代责任。习近平总书记指出："我们也要通过推动中国发展给世界创造更多机遇，通过深化自身实践探索人类社会发展规律并同世界各国分享。我们不'输入'外国模式，也不'输出'中国模式，不会要求别国'复制'中国的做法。"[①] 这一论述可以说展现了总书记的时代敏锐性和对人类未来发展的深邃思考。

在世界多极化、经济全球化、社会信息化、文化多样化深入发展的今天，在世界处于百年未有之大变局的当下，世界各国在形成越来越多的共同利益的同时，也面临着越来越多的共同威胁，各国已构成一个相互依存、荣辱与共的大家庭。这既是人类社会发展规律的体现，也为各国探索人类社会规律提供了一个新的时代起点和历史坐标。在这种情势之下，中国对构建人类命运共同体的探索既是中国成功经验的总结，也是为国际社会提供的智慧和思考。

---

① 习近平：《携手建设更加美好的世界——在中国共产党与世界政党高层对话会上的主旨讲话》，《人民日报》，2017年12月2日。

将周边作为构建人类命运共同体的首要之地

理论上讲，构建人类命运共同体有全球、地区和双边三个层次，全球层面的共同体聚焦于解决全球性问题，地区层面的共同体着力于推动地区一体化发展，双边层面的共同体在于打造更紧密的互利、互惠和互信。周边地区作为中国的安身立命之所，繁荣发展之基，理所当然地应该成为推动构建人类命运共同体的首选之地。做出这样的判断是基于四个理由：

一是大国崛起必先崛起于所在的地区，历史规律决定了中国推动构建人类命运共同体也须首先从周边做起，将之打造为中国崛起的战略依托带。

二是中国崛起要得到西方国家的认同仍有很大难度，因为中国崛起是近代以来首次非西方国家的崛起，真正能接受中国崛起的反而是周边的广大中小国家。

2013年9月26日，习近平总书记会见老挝人民革命党中央总书记、国家主席朱马里时首次提出"中老是具有广泛共同利益的命运共同体"。截至现在，在周边地区，中国先后提出打造中老具有战略意义的命运共同体、中柬守望相助的命运共同体、中越具有战略意义的命运共同体、中哈利益和命运共同体、中巴命运共同体、中缅休戚与共的利益共同体和命运共同体、中沙能源合作共同体、中尼命运共同体、中乌命运共同体和利益共同体等双边共同体的倡议，构建周边命运共同体已经具有了扎实的双边基础。

三是美国对华战略调整对周边地区局势产生了负面的影响，为周边命运共同体的构建进程制造了障碍，同时也提高了推动构建周边命运共同体的紧迫性。

基于周边形势的新变化，推动构建周边命运共同体需要从以下方面着手做起。

坚持换位思考，理解周边国家的合理诉求

随着中国崛起进程的加快，周边国家对中国两面心态日益显露，一方面试图分享中国崛起的发展红利，另一方面又对中国的地区安全意图抱有深深疑虑，从而对中国表现出"近而不亲"的关系格局。这种两面心理源自三个方面：历史地看，近代以来周边国家尤其是东南亚国家独立的历史固然是摆脱西方殖民统治的历史，但从更长远的历史时段看，它们历史上寻求独立发展在一定程度上就是摆脱以中国为中心的"华夷秩序"。基于此，中国的发展壮大很容易引发它们的历史记忆，从而加剧对中国崛起的担忧。就当前看，中国和一些周边国家存在着领土领海的争议，虽然这些争议并未时刻困扰着中国与相关国家关系的发展，但却深深地制约着中国与相关国家间战略互信的达成。展望未来，周边国家对中国崛起可能带来的新地区秩序抱有疑虑，担心既有的利益受损，从而对既有秩序有着深深的依赖。

在这种情况下，周边国家大多奉行"对冲战略"，拉域外国家以供给它们的安全诉求，以此平衡中国急剧上升的地区经济影响力。也就是说，周边国家的两面心理以及由此而奉行的对冲战略，并不意味着周边国家要倒向某一个域外大国如美国，而是周边国家追求其国家利益合理化的最优政策体现。在中国还不足以向周边地区供给充分的地区安全，以及周边国家对中国意图没有完全清晰之前，试图让周边国家改弦易辙而奉行更为亲近中国的政策仍是十分困难的。因此，中国需要多做一些换位思考，站在周边国家的立场和地缘位势上来审视它们的合理利益诉求和政策两难，并以此作为制定周边战略的一个出发点。唯有如此，才能有效拉近中国与周边国家心理上的距离。

有效回应周边国家对安全议题的关切

从2017年底以来，周边关系出现趋稳向好的良好态势。究其原因，一方面在于特朗普推行的"美国优先"政策，导致美国在周边地区的战略信誉下降，推动相关周边国家转向对华合作政策。另一方面则源于中国在积极回应周边国家合作信号的同时，切实缓解相关国家的安全关切，战略信誉有所提升，为持续改善周边安全环境奠定了基础。但随着美国将中国视为首要战略竞争对手，开始奉行"全政府"的对华竞争战略，在中美竞争加剧的情况下，美国拉周边国家以制衡中国地区影响力的态势也愈加明显。由此带来一个直接的后果就是，周边国家面临着在中美之间选边站的两难。新加坡总理李显龙不止一次讲到："对小国而言，与大国为邻从来不是件容易的事。""大家都不想在中美之间选边站，新加坡也不例外。"尽管周边国家没有在中美之间"选边站"的主观意愿，但随着美国对周边地区战略资源投入的加大，必然导致中国争取周边国家的成本和难度上升。

在这种情势之下，中国的策略选择就显得尤为关键：一是继续持续提升中国在周边国家中的战略信誉，增强周边国家对中国的战略信心。二是对周边的合理诉求尤其是地区安全的诉求给予积极的回应，尤其是要改变坐在家里等周边国家提出诉求才予以回应的传统被动姿态，而应采取积极主动的姿态，改变周边国家认为中国外交在争取自己利益时咄咄逼人而在回应他国利益诉求时一味躲闪的错觉。三是在不涉及中国核心利益和重大利益问题上，适度给予周边国家以更大的耐心和包容，也就是既要给予发展的红利，也要给予政策容错的空间。争取周边国家不必急于一时而需立足长远，尤其是不必将任何事情都与中国核心利益挂钩，否则，既将对方推向墙角，也压缩了自己的腾挪空间。这正是亲诚惠容周边政策的内在之意。

"一带一路"建设着力周边，扩大与周边国家的共同利益

过去七年来，"一带一路"建设得到了国际社会尤其是广大周边中小国家的高度认可和积极参与，这说明聚焦于互联互通的"一带一路"建设所提供的发展机会与周边国家所需要的发展机会具有高度的一致性。但问题在于，经过六年多的发展，"一带一路"建设已成长为21世纪以来最大的国际合作平台，参与主体的多样性和利益诉求的多元化相交织，导致"一带一路"建设所覆盖的地域和涵盖的合作议题不可避免地出现泛化趋势。"一带一路"建设虽然不是中国的地缘战略，但在具体实践中必须有战略的统筹和规划，突出核心的合作区域，彰显核心的合作议题，明确核心的合作意图。

受全球新冠肺炎疫情的影响，多个国家特别是发展中国家面临疫情和民生的双重压力，加之多个国家不同程度的封国封城，"一带一路"合作项目受到不同程度的影响。在此背景下，更需要去思考"一带一路"的推进节奏和整体安排，甚至在某些方面做出适度的调整：一是在地域上，"一带一路"既要面向世界，需要展现其包容性和延展性，但同时也应有合作区域上的轻重缓急，周边地区因与中国的地理相邻和经济相互依存，理应继续成为"一带一路"的核心区域来经营；二是在合作倡议上，中国是"一带一路"的倡议者，但并不意味着所有具体合作倡议或合作项目都需出自中国，相关合作伙伴在合作倡议的提出、合作议题的拟定、合作规划的制定、合作进程的推进上也可以发挥更加积极的主动作用；三是在合作项目上，中国或者中国企业自然是重要参与方，但也需要尽可能地开展本地化经营，同时最大程度吸引当地企业和社会力量的参与，为伙伴方提供更多就业机会，实现各方的双赢、多赢和共赢。通过战略调整实现战略资源投入的集中，在加快"一带一路"建设进程中扩大中国与周边国家的利益交汇点，做大双方的共同利益，塑造双方的共同议题，形成双方关于共同发展、合作共赢的文化认知，进一步夯实周边命运共同体的利益基础。

坚持多边主义，支持地区合作中的东盟地位

近年来，随着中国地区影响力的提高，周边中小国家越来越担心中国崛起能否抵挡住霸权的诱惑，能否像现在这样保持对多边主义的热情，从而走向美国式的单边主义抑或是新帝国主义。这其实是美国霸权政策在周边国家所产生的心理阴影的一种未来投射。消除这种顾虑，中国除了在政策上宣示永不称霸、坚定走和平发展道路之外，更重要的还在于中国的地区行为，这是周边国家判断中国主观意图的关键指标。在周边国家与中国的实力差距越来越大的格局对比下，在周边国家的预期中，中国奉行多边政策可以有效规避出现对它们不利的局面，即周边国家不会单独面对一个实力远远超过它的大国来谈收益分配的问题。同时，多边主义也是战后国际社会普遍认可和接受的通行规则，奉行多边主义意味着中国主动将自己的地区行为限定在国际规则的约束框架内。这样一来，在周边国家眼中，尽管中国的实力远远超过它们，但中国的行为是可以预期的，中国的态度是温和的，与中国的互动也就有了稳定的基础。

奉行多边主义政策的另一个表现就是在某种程度上意味着"不当头"。以东亚地区合作为例，东亚地区合作

进程始终面临着一个根本性的问题，就是由谁来主导地区合作进程。短期内，日本和东盟不可能接受中国主导的局面，日本虽然不信任中国但其自身缺乏应有的实力来实现它主导地区合作进程的意图。东盟虽然在地区合作中发挥着协调作用，处于中心地位，但出于对中国的担心不得不拉域外的美国、印度等国来平衡中国的地区影响力。由此一来，东盟的地位对中国而言虽然是一个次优选择，但却真实地反映了地区各行为体之间的实力格局和主观意图。这一局面带来的启示就是，不当头而将"头"让给某一个地区组织将是中国在周边地区的一个合理的策略选择。这也是当前甚至未来一段时间内，周边国家接纳和认可中国的一种有效的方式。

客观界定国际身份，回应发达国家合理关切

发达国家迄今依然占据世界财富和权力版图的优势地位，在国际社会仍然有着显著的话语权和影响力，因此，推动构建人类命运共同体就需要尽可能地争取来自发达国家的支持和认同，至少不对人类命运共同体建设带来重大

障碍或阻力。需要继续敦促美方回到中美关系的正确轨道上，共同管控分歧，避免中美竞争的继续升级。同时，也要区分美欧之间全球议程的异同，有差异地回应欧美对中国的诉求。

坚持发展中国家身份，部分放弃发展中国家所享有的权益

就经济社会发展程度而言，中国究竟是一个什么样的国家？中国认为，虽然自身发展取得了举世瞩目的成就，但中国作为世界最大发展中国家的国际地位仍然没有变。但是，近年来，国际社会尤其是西方国家有不少声音质疑中国的发展中国家身份，成为当前西方媒体、学者甚至战略界人士讨论的一个重要话题，而美国政府更是不断发难，明确声言否定中国的发展中国家身份。

无论是参照世界银行和国际货币基金组织的经济发展指标，还是参照联合国开发计划署的经济和社会发展综合指标，即"人类发展指数"（HDI），中国距离发达经济体、高收入经济体或先进经济体仍然有较大差距。中国人均国内生产总值（GDP）或国民总收入（GNI）仍然偏低，工业化进程亟待转型升级，社会治理水平还有待提升，资源和环境约束仍然严峻，特别是部分中西部地区的发展严重滞后，仍然面临脱贫甚至返贫的严峻压力。这说明，中国仍然是一个发展中国家，主要矛盾仍然是人民日益增长的美好生活需要与不平衡不充分的发展之间的矛盾，脱贫和发展任务仍然任重而道远。

但中国的发展程度又高度分化。作为一个快速发展的新兴经济体，中国发展同时具有"发展中"和"发达"的特征。中国在全球产业链供应链价值链中的位势总体不高，但也拥有一些较高发展水平甚至世界领先水平的产业和科技，如航天、核电、高铁、5G、大数据。中国城镇化率仍有待提高，城镇化水平还有待发展，但也拥有一批世界级大城市和城市群，特别是基础设施的发展已经跃入世界先进水平。中国人均经济收入仍然不高，还有广大发展程度较为落后的中西部地区，但中东部地区特别是多数沿海地区已经跃入发达经济体的门槛水平。或许，正是着眼于中国经济的某些"发达"特征，国际社会才有人认为中国已经是一个发达国家。中国发展具有典型的复合性、复杂性，需要予以全面的理解和认识。

一个值得探讨的新问题是，随着中国经济继续发展，中国的人均国民总收入在未来五年左右可能跨越中等收入国家而进入高收入国家行列，届时更多的国家可能会把中国视为一个发达国家而非发展中国家，中国在诸如 WTO

等国际组织中的权利和义务关系也将面临更大的调整压力。中国在国家身份定位上将做出何种调适，既符合中国经济社会发展不充分不均衡的现实，又能适度满足国际社会对中国快速发展的观感和期待？目前可能的应对之策有两个方面：

一是继续延续发展中国家的身份定位，同时在WTO等国际组织中主动放弃部分应该享有的"特殊与差别待遇"（SDT），主动承担更大的国际责任，以适度缓解自身身份定位与国际期待之间的紧张关系。比如，中国在WTO《贸易便利化协定》中主动承担了与发达国家类似的义务，在多个国际场合承诺作出更大国际贡献，就是一种务实的态度。在WTO中，新加坡也曾长期维持发展中国家身份，但它在具体实践中并未利用这一身份获得特殊待遇，不失为一种灵活的做法。

二是可以尝试就自身身份定位提出新的概括和主张，比如，携手其他新兴经济体推动国际社会对"发展中国家"概念进行更细化的分类，在发展中国家群体里专门分出"新兴国家"，以区别于一般发展中国家、最不发达国家，且承担超过一般发展中国家的国际责任。但是，在WTO框架下探讨建立一套新的有关发展中国家的分类方法，可能耗时太长且难有实质性结果，因为WTO在发展身份上一直采取的是自定义的方式，且 WTO 框架下的身份定位往往与特定的权利和义务紧密关联，任何相关讨论都不只是纯粹的经济讨论，而是一场旷日持久的政治争议。究竟如何理解和界定中国的发展中国家身份，如何推动 WTO 在发展中国家身份上达成基本共识，还需要学界和战略界进行更多的深入探讨。

其实，中国对"发展中国家"概念还有自己独特的理解和认识。在中国看来，"发展中国家"自始便不是一个纯粹的经济概念，而具有更为丰富的历史、政治和文化属性。在中国的外交思维中，当代"发展中国家"概念在很大程度上是过去"第三世界"的延续和发展，当代发展中国家的南南合作也与过去亚非拉国家共同反帝反殖反霸斗争一脉相承。虽然第三世界国家早已实现了政治独立，但这些曾经在追求民族独立过程中携手前行的亚非拉国家仍然面临实现经济发展和国家现代化的发展任务，在国际事务中也面临相似的政治和外交需求。对中国而言，"发展中国家"既承载一种历史记忆，又有一种现实需要，因而有着一种特殊的归属感、亲近感、认同感。正是从这个角度讲，中国一再向其他发展中国家承诺，中国将始终与它们站在一起，一如既往地加强同它们的团结合作。

区分美欧之间全球议程的异同，有差异地回应欧美对中国的诉求

美欧发达国家并非铁板一块，它们之间立场的差异并非是由这些国家的综合国力决定的，更多则是由美欧发展阶段的不同所导致的。美国自诩为最强大的现代国家，但欧洲国家则自视为后现代国家。在欧洲国家眼中，现代的美国显然没有后现代的欧洲具有发展程度和文明上的优越性。美欧发展程度和发展阶段的不同导致了它们全球议程的差异，美国主要聚焦于"国家"议题或"国际关系"议题，专注于自身实力增长和霸权维护，而欧洲则更多着眼于"全球"议题，积极关注诸如全球治理、多边主义、全球价值等全球性事务。不过，二者在政治观念和意识形态上，又有着高度的趋同性，这也决定了它们在国际事务中都有着相似的价值观念诉求。

就此而言，欧洲和美国在对待中国崛起问题上有着很大的差别。中美之间表现为一种结构性的矛盾，特别是崛起国和守成国的竞合与博弈。中欧之间虽然也有意识形态的差异，但双方在诸多全球性问题上有着共同的关注，在捍卫多边主义和国际秩序上也有着共同的追求。这就说明，欧洲可以作为中国团结的对象，双方在推进经济全球

化和全球治理领域有着巨大的合作空间，在推动国际秩序发展和完善方面也有着对话与合作的可能，这对推动构建人类命运共同体有着重要的价值和意义。

重视日本的作用，聚焦未来，切实搞好中日关系

随着中国崛起进程的加快，中日两国的国力差距已大大拉开，理论上日本已经失去追赶中国的可能。在这种情势之下，中国已经在很大程度上掌握了发展中日关系的主动权，中日之间最大问题已不再是历史问题和领海纠纷，而是中日两国在看待中国崛起的问题上持有完全相反的认知。具体讲就是，我们自豪于所取得的伟大成就，日本对此却抱有深深忧惧，担心因为中国崛起而在东亚甚至亚洲沦落为一个无足轻重的二流国家。基于这样的认知差异，中日关系存在着很大的不对称，中国将稳定中美关系作为塑造外部环境的关键因素；日本则将外交的注意力放在中国身上，认为中日关系是事关国运的"世纪博弈"，应对中国崛起已成为日本外交的世纪课题。也是基于这样的认知差异，近年来中日关系出现了两个新问题：一是日本国内很少有人公开站在中国立场上为中国说话，说明中日关系的社会基础严重削弱了。二是日本国内很少有人公开认可中国的影响力。由此我们看到，在中日关系中，日本的建设性作用在急剧下降，相反其破坏性作用急剧上升。这说明，一方面中国对日本所能发挥的作用的重视程度存在不足，另一方面对待日本需要有一种立足于未来的战略眼光而不是盯着眼前的分歧和矛盾。

就日本的作用而言，在周边合作进程中，缺少日本的参与和积极合作，东亚地区大市场的构建就无从谈起，地区合作进程也由此将在极大程度上受制于美国因素的制约，这在之前美国提出跨太平洋伙伴关系协定（TPP）时就表现得尤为明显。在地区安全领域，一个敌视中国的日本的存在不仅恶化中国的整个近海局势，而且也为美国介入周边安全事务提供了最大力量支撑和地缘支点。这说明中国周边安全最大的缺口可能并不是朝鲜半岛，而是整个东部近海海域。基于中日关系历史的经验，推动和发展中日关系至少有三点值得我们关注：一是需要确立负面清单，明白无误地告知日本中国的"底线"以及日方不能触碰的"红线"；二是要时刻注意不管中日关系出现什么困难和挫折，都不应主动中断双方的接触，尤其是民间和经济领域的交流与合作；三是创造条件尽快开启两国在安全领域的合作。基于日本追随强者的民族特性，只要中国做好国内的事情，实现国家实力的不断增长和社会文明程度的不断提升，同时立足长远，重视和尊重日本的地区作用，一个对华温和友好的日本可以预期，稳定而富有弹性的中日关系也完全可以重塑。

就过程而言，搞好中日关系可以分为两步：首先，还是要创造日本在中美之间奉行对冲或平衡战略的政策空间，而不是以一报还一报的应对方式将日本推向美国怀抱。其次，在上一步基础上争取日本的立场逐渐地向中国靠拢。应该说，日本对中国构建人类命运共同体倡议的积极参与，不仅将在很大程度上抵消美国的恶意掣肘，也将在西方世界中起到积极的带动和示范作用。从这个意义上讲，日本对华认知和态度的彻底转圜也将成为中国是否实现最终崛起的一个重要指标。

积极参与全球治理

2017年12月1日，习近平总书记在中国共产党与世界政党高层对话会上指出："人类面临的全球性问题数量之多、规模之大、程度之深也前所未有……面对这种局势，人类有两种选择。一种是，人们为了争权夺利恶性竞争甚至兵戎相见，这很可能带来灾难性危机。另一种是，人们顺应时代发展潮流，齐心协力应对挑战，开展全球性协作。"① 总书记的重要论述既指出了全球治理产生的根源，更指明了开展全球治理的未来方向。中国作为一个大国必然要在全球治理中发挥出一个大国应有的积极作用，这也是中国应尽的国际责任。但中国毕竟还是一个发展中大国，发展依然是当前最大的政治，因此中国参与全球治理也要注重量力而行、权责平衡和效益最大化。

着眼引领塑造全球治理的共识、规则和议程

在当前国际秩序加速转换、不确定性不稳定性显著增多之时，需要高举人类命运共同体的旗帜，为建设更加美好的世界提供更加清晰的愿景和路径，同时积极参与全球治理，更加彰显中国的大国责任和道义精神。这是世界的期待，也是中国的自觉。

中国参与全球治理，需要着眼引领全球共识，力求把中国愿景转变为全球行动，把中国倡议转变为全球实践。习近平总书记提出打造人类卫生健康共同体，以及呼吁国际社会要把非洲等发展中国家作为增强全球公共卫生韧性的关键，就是引领共识、塑造议程的重要体现。人类卫生

---

① 习近平：《携手建设更加美好的世界——在中国共产党与世界政党高层对话会上的主旨讲话》，《人民日报》，2017年12月2日。

健康共同体的最大意义在于，它抓住了人类社会的最大公约数，然后以此为切入点不断做大人类社会的共同利益，不断培育人类社会的共同责任意识，这是人类命运共同体建设的必需。

中国参与全球治理，需要着眼制定国际规则，通过改革国际机制"存量"、提供国际机制"增量"双轨并进，提高中国的国际话语权。一是携手推动全球治理机制的发展，既着眼改革国际机制的"存量"，即不断推动诸如世界银行、IMF、WTO 等重大国际机制的改革和完善，推动G20 更加有效应对重大全球性发展和治理问题，也着眼提供"增量"，不断打造和完善诸如金砖组织、亚投行等多边合作机制，不断塑造和提升诸如中非合作论坛、中拉合作论坛，以及多种形式的中国与东盟国家合作机制等集体磋商与合作机制。

中国参与全球治理，需要着眼塑造国际议程，在全球减贫、和平安全、气候变化、公共卫生、全球公域等领域发出更大的中国声音、提出更多中国方案。当前颇为紧要的，除了推进全球公共卫生合作之外，还需积极推进全球公域治理，完善公域治理规则。深海、南极、北极、太空这些全球公域是决定一个国家尤其是一个大国的生存发展空间和战略安全保障的战略边疆，同时也关系着人类的发展、安全和共同福祉。当前全球公域治理面临着三大挑战：一是公与私的异化，部分主权国家以"公"谋"私"，试图将"全球公域"异化为其"国家私利"，还有部分主权国家将他国主权范围内的"私域"异化为全球公域，从而为自身的新国际干涉主义寻求合法借口；二是全球公域的军事化或安全问题化的趋势，全球公域面临着被安全绑架的困扰；三是规则制定权的争夺是全球公域争夺的核心议题。基于公域治理规则的不完善，中国一方面要大力提高开发全球公域资源的技术实力和能力，以合乎国际准则的实际行动为公域开发利用行为树立一个科学的、可持续的标准，另一方面要抛开大国地缘竞争的权力逻辑，基于公域治理的规律，来和他国共同完善公域治理的规则体系和法律法规。客观地讲，全球公域的兴起标志着人类文明范式的变革和人类命运共同体意识的觉醒。就此而言，它提供了一方全新的实验田，让主权国家不再完全以"主权原则"的方式行事，至少要考虑到"人类共利"和"国家私利"的平衡，这也就意味着全球公域极有可能成为打造人类命运共同体的最佳领域之一。

注重培养复合型人才，提升中国的制度性话语权

全球治理需要专门型人才，向国际组织输出中国籍的高级职员,既是为全球治理贡献力量,也是提高中国在全球治理进程中制度性话语权的有效方式。随着全球性问题日趋复杂和多元,国际组织对复合型人才的需求也越来越多,越来越专业。包括中国在内的大国可以推动全球治理规则的完善,但规则具体实施的行事方式和规则却是由国际组织具体的人员来决定的。向国际组织输出中国职员尤其是有广泛国际影响力的高级职员,宏观上有助于扩大中国在"规则制定、议程设置、舆论宣传、统筹协调"方面的影响力,进而在微观上可以更加有效地保障自己的已镶嵌于全球治理进程中的合法利益。同时,活跃于各个全球治理与国际事务领域的中国面孔,更是直接提升中国形象、彰显中国国际责任的方式。

向国际组织输出中国职员需要统筹规划,可以从两方面着手:一是以向联合国系统的国际组织输出职员为目标,选择其中的一个或几个国际组织作为重点突破口,然后以点带面渐次拓展开来。二是聚焦新型的国际组织,如亚洲基础设施投资银行、金砖银行等,利用这些中国有着重要话语权的平台积极培育专业化的国际组织人才。经过长期深耕,逐渐形成一个"全领域覆盖、重点突出"的国际组织公务员布局。更进一步讲,制度性话语权的提升虽然是一个以国家综合实力为基础、以完善国际规则体系为归依的长期系统工程，但其最终落地仍然需要具体"人"来实施，向国际组织输出人才无疑是一种直接、经济而有效的方式。这既有效保障了自己的合法权益和权利，也实现了预期目标，更为关键的还在于契合了全球治理的世界趋势，也有助于携手推动构建人类命运共同体。

注重量力而行、权责平衡和效益最大化

在国别选择上，始终把周边和发展中国家作为国际责任的重点区域，通过深化同周边、发展中国家的利益和情感交融，增加公共产品供给，进一步夯实中国外交的战略依托。通过打造"周边命运共同体""中非命运共同体"的示范效应，分步骤、分阶段、分领域地务实推动构建人类命运共同体。

在合作路径上，坚持双边优先，南南合作平台次之，国际多边机制最后的顺序。坚持双边优先，也要重视发挥诸如中非合作论坛、中阿合作论坛、中拉合作论坛、中国—中东欧"17+1合作"机制，以及多种形式的中国—东盟合作机制等以中国为主的南南合作平台的作用，利用此种多边磋商合作机制，团结发展中国家的大多数。

在合作议题上，在与自身利益关联度大的问题上积极参与，比如创造性介入周边地区热点难点问题，积极维护非洲地区发展与稳定,而在那些与自身利益关联度不大的问题上则可以适度超脱。需要清晰厘定自身的国际责任和义务,全面盘点自身国际收支清单,在基于自身实力和利益的基础上积极参与国际事务,在全球治理进程中发挥中国独特的作用和影响。

附 录

附录一

中美关系依然是当今世界最重要的双边关系

（2020 年 12 月 8 日）

李君如

能够进行今天的对话，让人感到欣慰。中美之间的对话渠道没有剩下几个了，这对中美这两个大国来讲是非常危险的。因为，中美关系依然是当今世界最重要的关系。在这里，我想和美国朋友交换四点意见。

中美关系下滑的势头必须尽快遏制

中美关系来之不易，毁掉十分容易，修复非常不易。自从中美历经坎坷恢复邦交关系以来，尽管一路上遇到过不少问题，但总体上相处得比较好。

近几年，由于美国政局和对华政策的变动，从美国对华开打贸易战以来，双边关系频频出现问题，迅速下滑，引起中美和世界各国的高度关注。在国际社会发生了"世界怎么了，我们怎么办？"这样的时代之问中，就包括了"中美之间怎么了，我们怎么办？"这样的问题。

由于中美两国一个是世界上最大的发达国家，一个是世界上最大的发展中国家，对世界都有影响力；中美两国在经济总量上是排列在世界经济前两位的经济体，同世界各个国家的经济联系十分广泛；中美两国还都是联合国安理会的常任理事国；等等。诸如此类因素决定了中美关系是世界上最重要的双边关系，牵一发动全身。如果我们不能遏制中美关系下滑，其后果十分严重，不仅会影响中美两国人民友好相处，还会对世界产生极大的消极影响，甚至带来世界的动荡。如果出现这样的情况，对美国也好，对中国也好，对世界也好，造成的严重后果要花相当长的时间才能修复和消除。

中美关系不是对抗的关系，而是合作的关系

要遏制中美关系下滑，需要回答和解决一个问题：中美之间是合作好，还是对抗好？我们认为，合作好，合作要比对抗好。

附录一　中美关系依然是当今世界最重要的双边关系

从历史来看，在世界反法西斯战争中，我们曾经携手合作，赢得了反法西斯战争的胜利。前两年，我曾参与拍摄一部纪录片，讲的是中国共产党领导的东江纵队游击队员营救美国飞行员唐纳德·克尔中尉的故事。当年，克尔的飞机在香港上空被日本军队击中，跳伞落地后被东江纵队游击队员找到，然后历尽艰险护送他返回桂林的美军基地。克尔不仅通过日记把这段经历写了出来，而且他会画画，把他一路经历的故事画了5幅漫画。2005年，克尔的二儿子大卫·克尔被派到深圳一家公司工作，他在那里找到了当年营救他父亲的游击队员。这个真实的故事十分感人，不仅证明中美两国人民是友好的，而且证明中国共产党领导的军队和美国军队也是能够合作的。当然，在历史上，中美之间也发生过对抗，直接的对抗有抗美援朝战争，间接的对抗有中国人民解放军和美国支持的蒋介石国民党军队之间进行的解放战争，还有越南战争。这些战争对美国有什么好处呢？一丝一毫都没有。中美之间还是合作好。

从现实来看，自中国改革开放以来，在过去40多年里，中美坚持合作共赢，不仅有利于中美两国，而且有利于世界和平。历史一再证明，中美两国历史文化不同、社会制度不同，在一些问题上会有分歧，但这可以管控，不影响两国和平共处、和平发展。11月25日，中国国家主席习近平在致拜登当选美国总统的贺电中指出，推动中美关系健康稳定发展，不仅符合两国人民根本利益，而且是国际社会的共同期待。希望双方秉持不冲突不对抗、相互尊重、合作共赢的精神，聚焦合作，管控分歧，推动中美关系健康稳定向前发展，同各国和国际社会携手推进世界和平与发展的崇高事业。

需要指出的是，中美之间不是对抗关系，也不应以"竞争"为主线、主基调，而应以和平为主线、主基调。这几年，在讨论中美关系往哪里去的问题时，特别是在讨论中美经济走向的时候，频率最高的词是"竞争"。市场经济本身就是竞争性的经济，世界上绝大多数国家都实行市场经济，相互之间会有竞争。但如果因为经济中有竞争，就认为国家各个领域的关系都是竞争关系或"战略竞争关系"，把"竞争"泛化了，甚至以"竞争"为国家关系的主线、主基调，就会影响国家关系的发展，逐步走向对抗。中美之间，即使在经济上也不完全是竞争关系，还有互补关系。在中美两国关系中，还是应以合作为上策。

中国和平崛起和民族复兴，美国的国际空间不是缩小了，而是在合作共赢中扩大了

我们注意到，美国和世界上一些主张遏制中国的人，在国际关系问题上信奉的是"国际空间有限论"，认为国际空间就那么大，如果一个大国的发展占据了更多的国际空间，其结果就是缩小了其他大国可占据的国际空间；或者一个大国已经占据的空间，会因被其他后起大国分享或割据而缩小。现实主义国际关系理论强调的大国关系"零和原则"、现在很时髦的"修昔底德陷阱"、形形色色的"中国威胁论"以及"退群"行为等等，其实都是以"国际空间有限论"为前提的。这几年，伴随中国的快速发展，诸如此类声音越来越大，都同"国际空间有限论"有关。然而，这种"国际空间有限论"恰恰是一个伪命题。

自然科学的大爆炸宇宙理论已经告诉我们，空间不是有限的，而是膨胀的。由于粒子与粒子的相互作用，宇宙在不断膨胀。我们生存和活动的世界也是如此，自工业革命以来，工业化世界和世界市场规模是不断膨胀的。从工业化来看，工业化在欧洲起步时是在千万级人口的国家中推进的；当工业化大潮进入美国、苏联时，就开始在亿级人口的大国中推进；随着工业化大潮进入中国、印度，进

一步在十亿级人口的大国中推进。从世界市场规模来看，在中国改革开放前，世界市场的规模差不多只有13亿人口，中国实行市场经济后一下子就增加了一倍人口的大市场，最近这几年中国推进脱贫攻坚战后，又有五六千万人口进入市场化经济体系。与世界市场经济规模扩大相联系，国际关系中其他元素的活动范围也大大扩大了。也就是说，"国际空间有限论"完全是伪命题，国际空间不是"有限"的，而是不断"膨胀"的。

在中美关系问题上，也是如此，中国和平崛起，美国的国际空间不是缩小了，而是扩大了。美国企业家为什么在中国改革开放后纷纷进入中国市场，就是因为世界市场规模比过去扩大了一倍。至于美国经济出现了这样那样的问题，不是中国经济快速发展带来的，而是美国自己的经济政策造成的。在美国，现在有一种单边主义、保护主义思潮，想和中国在经济、科技、金融等方面脱钩，且不说这是不现实的，就算是脱钩了，美国的国际空间是扩大了还是缩小了？肯定会缩小。这对美国是有利的吗？显然不利。因此，中美之间只有放弃对抗、管控分歧、加强合作，才能给国际空间注入进一步"膨胀"的动能。

当务之急，是中美之间应该重启对话，并在涉及双方核心利益的问题上设置红线

中美关系要步入正轨，遏制下滑势头，必须重启对话，越快越好。期待美国大选后，新政府在处理中美关系这样重大的问题时，着眼于两国人民的根本利益、长远利益。

一是尽快提出对话清单。从这几年暴露出来的问题看，至少有12个问题要进行对话，即：疫情防控问题、气候问题、经贸问题、留学生交换问题、媒体采访和文化交流问题、科技合作问题、知识产权保护问题、台湾问题、香港问题、涉藏问题、涉疆问题、军事合作问题。

二是尽快对涉及双方核心利益的问题设置红线，并形成危机应急处理机制。

总之，中美关系虽然十分复杂，但依然是当今世界最重要的双边关系，必须认真对待。

谢谢！

附录二

疫情后应该重启中美文化交流和对话

（2020 年 12 月 15 日）

李君如

感谢中国人民外交学会和美国中美教育基金举办这样的研讨会，也感谢你们邀请我参加这次研讨会。

美国中美教育基金多年来为中美文化交流，增进两国人民的了解，做了许多工作。你们知道，中美两个大国的关系不仅关系到两国人民的友好相处，而且关系到东亚和整个世界的安宁。希望我们能够共同努力，尽快遏制两国关系下滑的势头，在合作与对抗的十字路口，重启对话，包括重启中美文化交流和对话，开始新的合作。

讲到教育，中国有个世界上最早提倡"有教无类"这种平等教育思想的教育家，即中国古代最著名的教育家、思想家孔子。他曾经说过："学而时习之，不亦说乎。有朋自远方来，不亦乐乎。人不知而不愠，不亦君子乎。"这三句话，第一句强调学了知识会应用，这是很高兴的事。第二句话强调人要学会交流，能够见到来自远方的朋友，是很快乐的事情。第三句话强调朋友之间有了分歧，人家不了解你也不要生气，更不要对抗，这是君子应有的风度。因此，宋代大学者朱熹说，孔子的这三句古训是"入道之门，积德之基"。在讨论今天的中美关系时，我们重温孔子的这些思想，是很有意义的。

第一，"学"了要坚持"习"。中美自恢复邦交关系以来，这两个具有不同历史文化、不同社会制度和意识形态的国家都在努力了解对方、读懂对方，并形成了一系列共识，最重要的共识就是中美之间签署的三个联合公报。这三个联合公报，奠定了中美关系的政治基础。如果说这是两国"学"的成果，那么"学"了之后就要"习"，就要恪守这三个联合公报，就要按照这三个联合公报处理两国关系，而不能学而不用、言而无信，违背这三个联合公报，动摇两国关系的政治基础。

第二，是朋友，远在万里之外也要坚持交流。中国人从来把"学习"和"交友"看作是不可分割的事情。孔子就说过："三人行，必有我师。"因此我们常讲："有朋自远方来，不亦乐乎。"像中美这样两个隔着太平洋相处的大国，更要经常走动、加强交往。这样，一是可以加强相互了解和学习；二是可以减少误解以增进互信；三是可以加强合作以共同应对和处理双方面临的问题。但是，我们现在非常遗憾地看到，在美国，不仅让中美之间脱钩的声音越来越大,而且对于到美国求学、工作、访问的中国人设置种种障碍,两国之间各种对话渠道也不像过去那样畅通,这是十分危险的。当然,发生这样一些情况,也和新冠肺炎疫情暴发有一定关系。我们希望,在疫情过后,双方能够重启各个方面交往包括文化交流的渠道,通过坦诚对话直面矛盾和问题,寻求化解矛盾和问题的办法和出路,以造福中美两国人民。

第三,有分歧也不对抗,而要管控好分歧,在求同存异基础上加强新的合作。我们知道,孔子讲的"人不知而不愠,不亦君子乎",是非常高的境界,不容易做到。但是,遇到问题只会生气,或者只会吵架、对抗而不去解决问题,是无能的表现。事实上,像中美这样两个大国,在长期交往中要想没有一点问题,不发生一点矛盾,是不可能的事。关键是要学会怎么样管控好分歧,处理好矛盾和问题,目标是不冲突、不对抗,在求同存异基础上加强新的合作。我们注意到,美国一些人在讲"合作"的时候,他要的合作就是你必须听我的、必须服从我的,如果你不搁置或放弃自己的利益诉求,就是不合作。这种"合作"和"霸权"没有什么两样。在人与人之间、公司与公司之间、国家与国家之间,合作有两种情况:一种是没有分歧的合作;另一种是发生了分歧后的合作。发生了分歧后双方怎么合作？就是要相向而行、求同存异，寻求双方利益的最大公约数，在利益交汇点上形成利益共同体。

我是搞教育工作的，今天面对中美教育基金的朋友，就围绕中国古代教育家孔子说的三句话来谈疫情后中美关系，主题就是一句话：疫情后应该重启中美文化交流和对话，管控好中美双方分歧，在求同存异基础上启动新的合作。

附录三

"青山遮不住,毕竟东流去"

在"对话合作,管控分歧——推动中美关系重回正轨"蓝厅论坛的发言

(2021年2月22日)

李君如

中美关系经过这几年又一轮风风雨雨、曲曲折折，现在应该重启对话、重归正轨了。这是两国人民共同的愿望，也是世界各国人民对两国的期盼。

借此机会，谈三个观点，和大家讨论分享：

第一，重塑中美互信必须重启中美人文交流。

今天的中美关系，面临两国邦交正常化以来最严峻的考验。我们要重塑中美互信，一个很重要的途径，就是重启中美人文交流。

记得2016年，中国国家主席习近平在第八轮中美战略与经济对话和第七轮中美人文交流高层磋商联合开幕式上发表了重要讲话。在这个讲话的最后部分，他引用了中国800多年前一位诗人写下的诗句"青山遮不住，毕竟东流去"。他说："天下的大江大河千回百转，历经多少曲折，最终都会奔流到海。只要我们坚定方向、锲而不舍，就一定能推动中美新型大国关系建设得到更大发展，更好造福两国人民和各国人民。"今天，我们重温这句古诗，重温习近平主席这番语重心长的话，更感到重启中美合作关系是历史的必然。

写下"青山遮不住，毕竟东流去"这句古诗的诗人叫辛弃疾，他虽然在战场上打过仗，但他写的许多诗词很像一幅幅田园画。比如他有首诗写道："山远近，路横斜，青旗沽酒有人家。城中桃李愁风雨，春在溪头荠菜花。"你很忙很累，心也很烦，但一读这样的诗词，你的心就会平静下来，这就是文化特有的功能和魅力。中美之间进行人文交流，也可以用文化来沟通人与人之间的理解，让烦躁的心平静下来，冷静地思考一下两国关系。

第二，重启中美人文交流，最重要的是要进行价值观交流。

如前所言，诗词是中国文化的一个特色。中国是一个诗国，孩子在很小的时候，父母亲就会教他们背诵古诗。这些诗词凝聚了中国文化的精华，体现的是中国人的价值观。比如在中国，三四岁的孩子就会背诵古诗："白日依山尽，黄河入海流。欲穷千里目，更上一层楼。"这首诗告诉孩子们，人要站得高，才能看得远。在中美关系中，尤其需要"高瞻远瞩"，它可以避免许多短视行为。

重启中美人文交流，最重要的是要进行价值观交流。

附录三 "青山遮不住，毕竟东流去"

前几年，我们的人文交流缺乏"高瞻远瞩"，很少进行价值观交流。在一些人心中，一讲到价值观，似乎有一个不言自明的"公理"——中美的价值观是不同的。其实，价值观问题非常复杂，既有各个国家不同的价值标准，也有人类共同的价值追求。比如习近平主席就多次说过，和平、发展、公平、正义、民主、自由是人类的共同价值。如果让孔子通过时间隧道到美国去观光，他就会和林肯总统对话说：你倡导的"民有、民治、民享"等国家治理理念，我在2500年前就提出了。在我之前，就有人说过："民惟邦本，本固邦宁。"我是个搞教育的人，我说过"有教无类"，任何人都有平等接受教育的权利。我还说过：一个理想的社会应该是"天下为公"的社会，即天下是天下人的天下。我也说过"不患寡而患不均"，财富应该让民众公平享有。要知道，孔子这些话在中国早已成为全社会大多数人的价值理念，也是人类的宝贵财富，因此，简单地说中美两国的价值观是不同的，是不准确的。

在人类社会演进过程中，各个民族、各个地缘的人确实会形成不同的价值观。比如，中国地势西高东低，黄河、长江等几条大河从西到东川流不息，每到汛期就会发生严重洪涝自然灾害。自古以来，中国历史上最有作为的官员就能够带领人民用集体的力量来抗击泛滥的洪水。因此，集体主义对于中国人民来讲，是一种价值观，更是一种生存方式。这和美国崇尚个人主义显然是不一样的。但是，需要指出的是，中国和过去的苏联不一样，提倡的集体主义并非抹杀个性、无视个人利益的集体主义。中国共产党和中国人民都懂得，一个好的社会应该是能够兼顾国家利益、集体利益和个人利益的社会，应该是能够尊重和保障人权的社会。

第三，重启人文交流，最好的办法，是能够让双方听到对方人民群众的声音。

说到中国共产党和中国人民的价值观，这几年，美国以蓬佩奥为代表的一些人，总是用赤裸裸的语言，挑拨中国人民和中国共产党的关系。如果中美两国能够重启人文对话和人文交流，美国可以通过多种渠道多种方式和中国人民直接交流，听一听中国人民是怎么谈论和评价中国共产党的。

中国共产党从成立到2021年，已经满一百岁。一个百年大党之所以还那么得人心，就是因为中国共产党的价值观是"人民至上"，根本宗旨是"全心全意为人民服务"。中国共产党这几年为什么要开展反腐败斗争，就是因为那些腐败分子完全违背了这样的价值观和根本宗旨；中国共产党的改革开放和反腐败斗争为什么得人心，也是因为人们看到中国共产党是真心诚意为人民服务的。这种话,我在这里说,你们还是会有怀疑的;最好的办法,是你们能够到中国老百姓中去听一听。

中美重启人文交流的最大意义,就是能够让双方听到对方人民群众的声音,使中美两国人民增进相互了解、减少误解,成为两国政治家推动两国关系健康发展的基石。

中美之间的人文交流经历过友好交往与相互隔绝等多个发展阶段,我们深知,相互交往比相互隔绝好、相互交流比相互指责好。自中国改革开放以来,中美两国在智库交流和学者访问、影视和文化项目落地、青年学生留学以及旅游等各个方面,人文交流获得了很大的发展。据美国国际教育学会数据,2017 年到 2018 年,中国在美高校留学生就已超过 36 万人,占全美国际留学生的 33.2%。中美智库和学者之间、文化工作者和体育工作者之间的交流也在多层次展开。这样广泛多层次的人文交流,使得中美两国人民对对方的了解大大加深。

令人遗憾的是,这几年出现了很不正常的情况,美国有的地方无理驱赶中国留学生、限制中国学生和学者入境、违背协议打压孔子学院,还正式暂停了"政策制定人士中国教育旅行计划""美中友谊计划""美中领导者交流计划""美中跨太平洋交流计划"和"香港教育与文化计划"。特别是，在许多人文交流项目停止的情况下，美国有些政客和媒体还向美国人民传递了许多虚假的信息，包括一些无中生有的谣言，在两国人民之间筑起了一道道无形的壁垒，影响了两国人民的互信。坦率地说，这种做法给我的印象是：美国那些人对自己的国家、自己的人民太没有自信了。

我们希望，中美两国领导人能够顺应民心，重启人文交流。比如，现在就可以让双方的医学专家围绕疫情防控进行交流。在疫情过后，恢复执行双方的人文交流协议，同时拓展更多的人文交流项目。

人要活得好，还是少一点悲观、多一点乐观为好。我是乐观派，相信"青山遮不住，毕竟东流去"，坚信中美人文交流一定能够重启。

后记和结论

书写完了,但还有些话要交待。

首先要交待的是,读者面前的这本小书,是一项集体研究的成果。开展这项课题研究的主要成员有中共中央党校(国家行政学院)的专家学者李君如、刘建飞、刘能杰、罗建波、陈曙光、韩爱勇、赵柯、熊洁、陈建奇。首席专家为李君如,首席专家助理是罗建波,课题协调联络人是刘能杰。

全书大纲和主要观点是在原中共中央党校副校长李君如主持下形成的。李君如起草了前言,并和罗建波一起对全书各章节进行了认真修改、统稿。罗建波、陈曙光、赵柯、韩爱勇分别承担了第一章、第二章、第三章、第四章的撰稿任务。刘能杰负责起草后记,并对全书稿进行了核对。

同时要交待的是,书中三个附录是李君如在课题报告完成后参加中美对话会的发言。

这三个发言是在中美对话中断一段时间后启动的三个对话会上的发言，有其特殊意义。作者指出，中国的发展进步带给美国和世界的是成倍增加的市场份额及其带来的发展机遇，而非所谓"中国威胁"，现实主义国际关系理论强调"国际空间有限论"，这不仅不符合国际关系发展的现实，而且会对和平崛起的中国产生重大的误判；作者指出，疫情后应该重启中美文化交流和对话，以增进中美互信和合作；作者指出，在中美人文对话中要进行价值观交流，从根本上推进中美两国人民的相互了解和互信。

还要重点交待的是，这是一本注重从实际出发研究问题、并有许多重大创见的书。近年来，关于人类命运共同体思想的研究不可谓不多，但是，这本书不仅有自己的特点，而且有许多创新之处，主要是以下十点：

第一，提出构建人类命运共同体是人间正道。为什么是人间正道？我们都知道，推动构建人类命运共同体，是中国为完善全球治理体系而给出的中国方案，同时也是基于人类的历史教训、现实状况和发展趋势为人类描绘的世界蓝图，是 21 世纪筹划人类命运的唯一选择。什么是人间正道？人间正道关键在于"正"，"正"就正在这一方案不谋一国之利，而为人类着想；不图一时之利，而为子孙后代着想。纵览天下大势，只有在各个国家和地区之间寻找更多更广的共同利益，构建相互尊重、休戚与共的人类命运共同体，才能解决人类面临的各种困难，应对人类遭遇的各种灾难，创造人类美好的今天和明天。

第二，提出世界发展大趋势彰显人类命运共同体的必然性规律性。在当前世界大发展、大变革和大调整时期，虽然不确定性不稳定性因素不断涌现，传统安全与非传统安全威胁相互交织，但着眼人类社会中长期发展大势，经济全球化的大势没有变，国际格局多极化和非西方化的大势没有变，全球治理体系变革完善的大势没有变，人类文明交流互鉴的大势没有变，和平、发展、合作、共赢的时代潮流没有变，中华民族伟大复兴和中国特色社会主义不断发展的历史进程没有变。这六个"没有变"，正是人类社会发展大势自20世纪90年代以来的六个"大变"，这是世界百年未有之大变局的最主要方面，也是人类社会发展的重大机遇和希望所在。推动构建人类命运共同体，正是顺应时代潮流和世界发展大势的必然选择。

第三，提出人类命运共同体的核心要义是"六观"。"六观"，即：平等相待、互商互谅的地位观，公道正义、共建共享的安全观，合作共赢、包容互进的发展观，和而不同、兼收并蓄的文明观，尊崇自然、绿色发展的生态观，人民至上、生命至上的生命观。自疫情暴发以来，中国始终坚持人民至上、生命至上，在国内打赢了疫情防控的人民战争、总体战、阻击战，在国际上呼吁构建人类卫生健康共同体，在推动世界联防联控方面发挥了重要作用。推动构建人类命运共同体思想是一个不断发展完善的思想体系，人民至上、生命至上的生命观就是这一思想体系的最新发展成果。

第四，提出人类命运共同体在本质上代表的是人类正义主张。它是促进世界共同发展的正义主张，优化全球治理的正义主张，增进全球信任的正义主张，维护世界和平的正义主张，重构世界文明格局的正义主张，探索更好社会制度的正义主张，为解决人类共同难题提供了价值引领，为建设美好世界作出了中国贡献。其世界意义在于，它创新了全球治理的思维方式，开辟了世界秩序的宏大愿景，标识了中国外交的未来方向，开启了人类文明的崭新形态。

第五，提出人类命运共同体不能简单等同于未来社会的共同体（即自由人联合体）。两者之间既有内在一致性，也存在本质区别。人类命运共同体主要指称一种社会状态，未来社会的共同体主要指称未来理想的社会形态；人类命运共同体的本质特征是和而不同，未来社会的共同体的首要特征是天下大同；人类命运共同体彰显了世界主义立场，未来社会的共同体则体现了国际主义立场；人类命运共同体直接解决的是国家命运问题，旨在实现不同国家和平发展、合作共赢，未来社会的共同体旨在实现每个人自由全面发展；构建人类命运共同体是世界历史进程中的阶段性目标，是全人类的最低纲领，未来社会的共同体是世界历史进程中的最终目标，是全人类的终极纲领。

第六，提出推动构建人类命运共同体的四条基本路径。明确目标是重要的，但找到实现路径同样重要。人类命运共同体的构建是一项宏大的系统性的世纪工程，非一朝一夕之功，不可能一蹴而就。关键的问题是，如何把人类命运共同体的理念一步一步转化为世界现实，这就需要找到推动构建人类命运共同体的基本路径。从全球纬度看，以国际组织为牵引，以国家间合作为主线，以政党国际交流为助力，以社会组织跨国合作为基础，是推动构建人类命运共同体的四条基本路径。

第七，提出推动构建人类命运共同体的四点实现步骤。有了目标和路径，还要有实现步骤。为此，就要根据构建人类命运共同体的现实可能性和难易程度，探讨人类命运共同体内在的层次结构。我们以为，从建设人类卫生健康共同体到构建人与自然共同体、从双边区域共同体到全人类的命运共同体、从国家治理走向全球治理、从物质世界的命运共同体扩展到数字世界的命运共同体，是中国推动构建人类命运共同体的主要阶段和步骤。

第八，提出中国是推动构建人类命运共同体的倡议者，也是践行者。中国的建设性作用主要体现在两个方面：一是"表率"，二是"实践"。最重要的是做好自己的事情，只有把自己的事情做好了，在综合国力提升的同时，人民群众的幸福感、获得感、参与感、价值感和自豪感提高了，源于中国的倡议在国际社会才能具有道义的感召力和实践中操作的可行性。在此基础上，为世界供给发展机遇和反映社会发展规律的人类共同价值这两类优质公共产品。

第九，提出继续坚持但也要灵活处理中国的发展中国家身份。中国在经济社会发展程度上距离发达国家水平仍有很大距离，且"发展中国家"也是一种身份认同，它在很大程度上是过去"第三世界"的延续和发展，因而有着丰富的历史、政治和文化属性，以及加强南南合作的现实需要。继续延续发展中国家的身份定位，也需要在具体问题上展现更加灵活务实的态度，比如在WTO等国际组织中主动放弃部分应该享有的"特殊与差别待遇"，主动承担更大的国际责任，以适度缓解自身身份定位与国际期待之间的紧张关系。

第十，提出积极参与全球治理，并推动全球治理体系发展完善，是中国外交的重要生长点和着力点。中国参与全球治理，需要着眼引领全球共识，力求把中国愿景转变为全球行动，把中国倡议转变为全球实践；需要着眼制定国际规则，通过改革国际机制"存量"、提供国际机制"增量"双轨并进，提高中国的国际话语权；需要着眼塑造国际议程，在全球减贫、和平安全、气候变化、公共卫生、全球公域等领域发出更大的中国声音、提出更多中国方案；需要注重循序渐进、量力而行、权责平衡和效益最大化，在国别选择上始终把周边和发展中国家作为国际责任的重点区域，在合作路径上坚持双边优先、南南合作平台次之、国际多边机制最后的顺序，在合作议题上聚焦那些对中国国家利益和世界共同福祉影响重大的领域和议题，力所能及而又量力而行地在全球治理进程中发挥中国独特的作用和影响。

最后，还要交待的是，在研究过程中，我们始终坚持以习近平新时代中国特色社会主义思想为指导，坚持围绕中心、服务大局，努力强化问题意识、创新意识和精品意识，力求聚焦实践中的重大理论和重大现实问题，为推进党和国家事业发展提供理论支撑。同时，我们也知道，这一重大课题的研究取得的任何成果都只是深入研究的新起点。我们愿意和大家一起，进一步研究这一关乎人类前途命运的重大课题，争取形成更多更好的成果。

作者

2020 年 10 月 23 日

图书在版编目（CIP）数据

人间正道：构建人类命运共同体 / 李君如著 . --
北京：外文出版社，2021.7
（读懂中国）
ISBN 978-7-119-12763-7

Ⅰ．①人… Ⅱ．①李… Ⅲ．①国际关系－研究 Ⅳ．
① D82

中国版本图书馆 CIP 数据核字（2021）第 144482 号

出版策划：国家创新与发展战略研究会
出版指导：陆彩荣
出版统筹：胡开敏

责任编辑：文　芳　李　黎
装帧设计：柏拉图创意机构
印刷监制：秦　蒙

人间正道：构建人类命运共同体

李君如　罗建波　等　著

ⓒ 外文出版社有限责任公司
出 版 人：胡开敏
出版发行：外文出版社有限责任公司
地　　址：中国北京西城区百万庄大街 24 号　　邮政编码：100037
网　　址：http://www.flp.com.cn　　　　　　 电子邮箱：flp@cipg.org.cn
电　　话：008610-68320579（总编室）　　　008610-68996158（编辑部）
　　　　　008610-68995852（发行部）　　　008610-68996183（投稿电话）
制　　版：北京杰瑞腾达科技发展有限公司
印　　刷：北京盛通印刷股份有限公司
经　　销：新华书店 / 外文书店
开　　本：700mm×1000mm　1/16　　　　　印　张：11.5　字　数：200 千字
版　　次：2021 年 8 月第 1 版第 1 次印刷
书　　号：ISBN 978-7-119-12763-7
定　　价：55.00 元

版权所有　侵权必究　　如有印装问题本社负责调换（电话：68995960）